RUNNERS CLUB
RUNNERS CLUB
RUNNERS CLUB

LES RUNNERS

1. PREMIÈRES FOULÉES

Scénario

STi

Dessins & Couleurs

BUCHE

BAMBOO ÉDITION

À tous les membres d'AGCR et de l'ACC, les clubs de running qui m'ont inspirés cette série !
Merci à Buche d'avoir accepté de l'éclabousser de tout son talent.

Sti

Un grand merci à Olivier de m'avoir proposé d'entrer dans la course et à Sti de m'avoir entraîné dans ce drôle de marathon.
Mille merci aussi Ernest Buchschacher d'avoir sprinté avec moi sur la mise en couleur.

Buche

PREMIÈRE ÉDITION - Dépôt légal : mars 2019 - ISBN : 978-2-8189-6672-3
Imprimé et relié en France par PPO Graphic, 91120 Palaiseau

Pour être alerté de la sortie du prochain album, rendez-vous sur **www.bamboo.fr/alerte-nouveaute**

PEFC 10-31-1800 / Certifié PEFC / Ce produit est issu de forêts gérées durablement et de sources contrôlées / pefc-france.org

T'EN FAIS UNE TÊTE ...
RELAX, C'EST JUSTE LA MÉDECINE DU TRAVAIL.
MÉDECIN DU TRAVAIL
JUSTE? JUSTE?!
NON, MAIS TU TE RENDS PAS COMPTE QUE SI LÀ-DEDANS ON CONSIDÈRE QUE T'ES PAS EN ÉTAT, ON PEUT DÉNONCER TON CONTRAT DE TRAVAIL!
QUOI?! T'ES SÛR DE ÇA?
HOULÀ, VOUS AVEZ SACRÉMENT PRIS DEPUIS LA DERNIÈRE VISITE...
AH ...
VOUS POUVEZ ME FAIRE DES FLEXIONS?
BAH, ÉVIDEMMENT!
QUOI?
DEUX FLEXIONS, ÇA FAIT "DES", NON?
BON, ON NE VA PAS SE MENTIR, ON A UN SOUCI, LÀ...
CO... COMMENT ÇA?
PUF! PUF!
JE... IL ME FAUT UN VERRE ...
OH NON! MISE À PIED?
MÉDECIN DU TRAVAIL
PIRE QUE ÇA...
... COURSE À PIED!
PROGRAMME OBLIGATOIRE
SEMAINE 1
300/1000/300

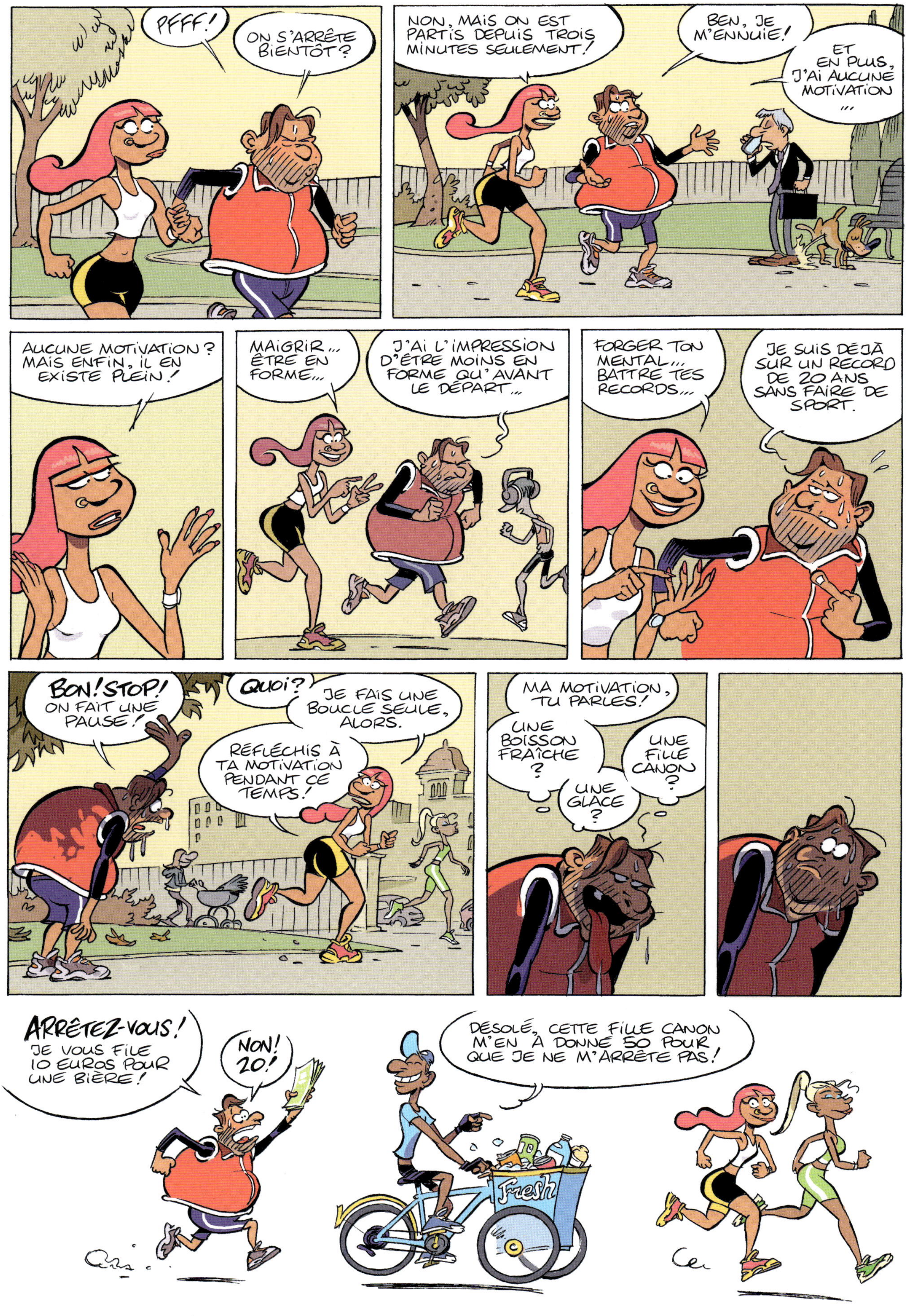
PFFF !
ON S'ARRÊTE BIENTÔT ?
NON, MAIS ON EST PARTIS DEPUIS TROIS MINUTES SEULEMENT !
BEN, JE M'ENNUIE !
ET EN PLUS, J'AI AUCUNE MOTIVATION ...
AUCUNE MOTIVATION ? MAIS ENFIN, IL EN EXISTE PLEIN !
MAIGRIR... ÊTRE EN FORME...
J'AI L'IMPRESSION D'ÊTRE MOINS EN FORME QU'AVANT LE DÉPART...
FORGER TON MENTAL... BATTRE TES RECORDS...
JE SUIS DÉJÀ SUR UN RECORD DE 20 ANS SANS FAIRE DE SPORT.
BON ! STOP ! ON FAIT UNE PAUSE !
QUOI ?
JE FAIS UNE BOUCLE SEULE, ALORS.
RÉFLÉCHIS À TA MOTIVATION PENDANT CE TEMPS !
MA MOTIVATION, TU PARLES !
UNE BOISSON FRAÎCHE ?
UNE GLACE ?
UNE FILLE CANON ?
ARRÊTEZ-VOUS ! JE VOUS FILE 10 EUROS POUR UNE BIÈRE !
NON ! 20 !
DÉSOLÉ, CETTE FILLE CANON M'EN A DONNÉ 50 POUR QUE JE NE M'ARRÊTE PAS !
Fresh

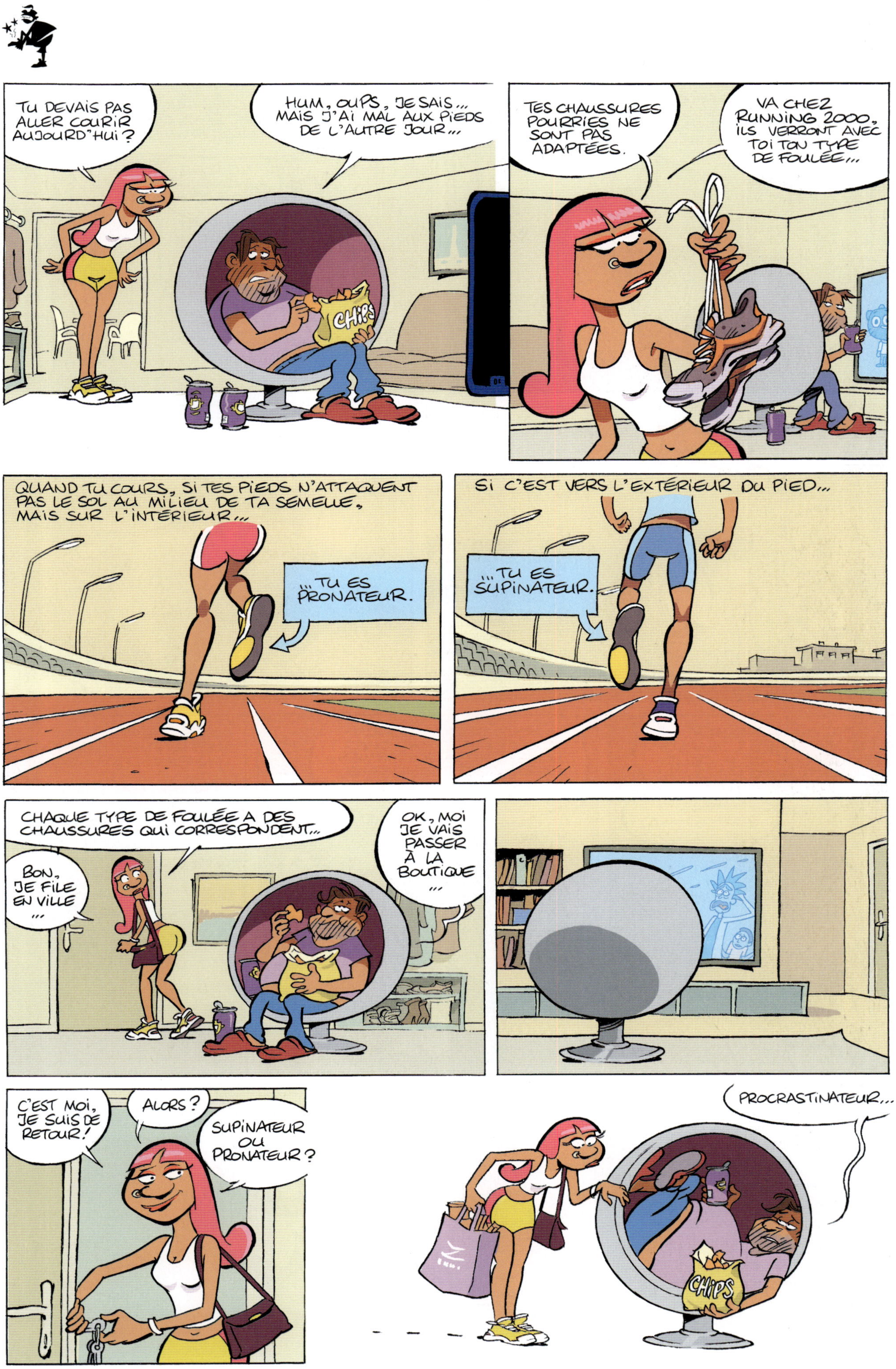
TU DEVAIS PAS ALLER COURIR AUJOURD'HUI ?
HUM, OUPS, JE SAIS... MAIS J'AI MAL AUX PIEDS DE L'AUTRE JOUR...
TES CHAUSSURES POURRIES NE SONT PAS ADAPTÉES.
VA CHEZ RUNNING 2000, ILS VERRONT AVEC TOI TON TYPE DE FOULÉE...
QUAND TU COURS, SI TES PIEDS N'ATTAQUENT PAS LE SOL AU MILIEU DE TA SEMELLE, MAIS SUR L'INTÉRIEUR...
...TU ES PRONATEUR.
SI C'EST VERS L'EXTÉRIEUR DU PIED...
...TU ES SUPINATEUR.
CHAQUE TYPE DE FOULÉE A DES CHAUSSURES QUI CORRESPONDENT...
BON, JE FILE EN VILLE ...
OK, MOI JE VAIS PASSER À LA BOUTIQUE ...
C'EST MOI, JE SUIS DE RETOUR !
ALORS ?
SUPINATEUR OU PRONATEUR ?
PROCRASTINATEUR...

C'EST GÉNIAL QUE TU TE METTES À LA COURSE, FRED ! ON FERA DES SORTIES TOUS LES MIDIS ENTRE COLLÈGUES !
DU CALME, YANNICK, HEIN ! EN TOUT CAS, C'EST GÉNIAL DE M'ACCOMPAGNER À LA BOUTIQUE.
BIENVENUE CHEZ RUNNING 2000, ICI ON COURT DANS CELLE DES GRANDS, AH AH !
JE VOUS AMÈNE UN NÉOPHYTE.
EH BIEN, ON VA L'ÉQUIPER DE LA TÊTE AUX PIEDS !
OUI, ENFIN SURTOUT LES PIEDS, HEIN. JE VEUX JUSTE COURIR COMME ÇA, À LA COOL ...
SURTOUT QUAND JE VOIS LE PRIX DE CES GODASSES ! Y A PAS UNE ERREUR D'ÉTIQUETTE ?
AH, TRÈS BON CHOIX !
ULTRA-LÉGÈRES ET TECHNIQUES !
BIEN, ON VA PASSER AU CUISSARD : JE VOUS CONSEILLE CE MODÈLE EN TEXTILE TECHNIQUE...
TRÈS PERFORMANT.
NOUS DISONS DONC : COUPE-VENT TECHNIQUE, SOUS-GANTS TECHNIQUES, CASQUETTE TECHNIQUE, GOURDE TECHNIQUE...
2000 RUNNI
ALORS CHÉRI, CETTE SORTIE RUNNING AVEC TON POTE DE BUREAU ?
BEN, J'AI FAIT MON PREMIER 1500...
1500 MÈTRES ?
ÇA FAIT PAS LOURD, MAIS C'EST UN DÉBUT...
NON, NON, J'AI PAS COURU ...
1500 BALLES DE MATOS...
2000 RUNNING

BEN, ON PREND PAS LE PARCOURS HABITUEL ?
NON, ON VARIE AUJOURD'HUI.
C'EST UNE BONNE IDÉE, HEIN ?
EUH...
JE TE DIRAI APRÈS...
PARCOURS SANTÉ
ALLEZ ! ON RENTRE ...
ÇA T'A PLU ?
C'ÉTAIT TRÈS SYMPA !
BIP BIP BIP
ÇA VA, LES COURBATURES, MON CHÉRI ? UN PARCOURS SANTÉ AVEC TES COLLÈGUES ? T'Y PRENDS GOÛT ? AH AH !
JE SUIS DERRIÈRE TOI À 100 % !
EUH... JE SUIS PAS SÛR QU'ELLE AIT BIEN TOUT ÉCOUTÉ...
SANTÉ !
DÉPÊCHEZ-VOUS, IL NOUS RESTE 4 BARS À FAIRE !

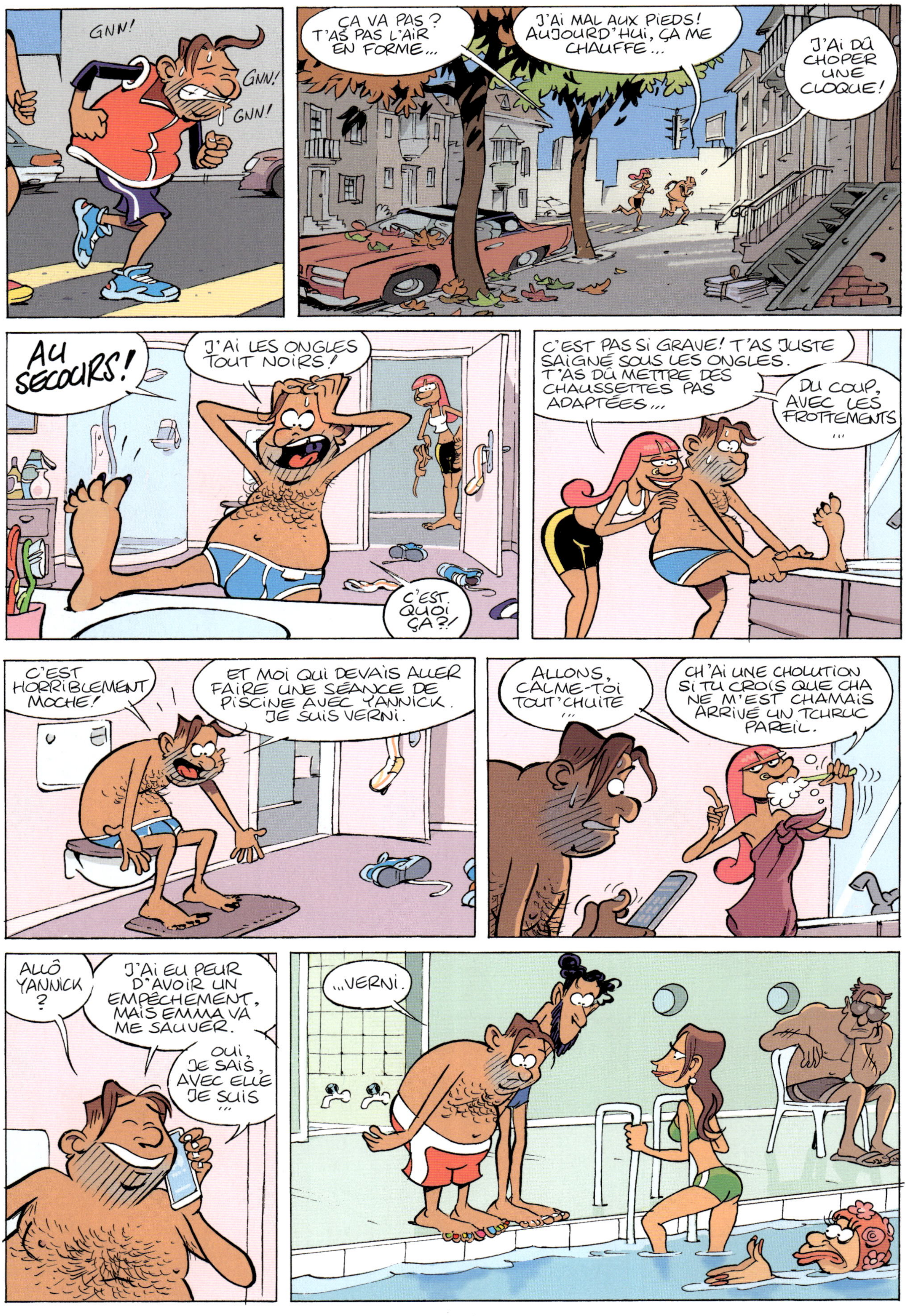
GNN!
GNN!
GNN!
ÇA VA PAS ? T'AS PAS L'AIR EN FORME...
J'AI MAL AUX PIEDS! AUJOURD'HUI, ÇA ME CHAUFFE...
J'AI DÛ CHOPER UNE CLOQUE!
AU SECOURS!
J'AI LES ONGLES TOUT NOIRS!
C'EST. QUOI ÇA ?!
C'EST PAS SI GRAVE! T'AS JUSTE SAIGNÉ SOUS LES ONGLES. T'AS DÛ METTRE DES CHAUSSETTES PAS ADAPTÉES...
DU COUP, AVEC LES FROTTEMENTS...
C'EST HORRIBLEMENT MOCHE!
ET MOI QUI DEVAIS ALLER FAIRE UNE SÉANCE DE PISCINE AVEC YANNICK. JE SUIS VERNI.
ALLONS, CALME-TOI TOUT'CHUITE...
CH'AI UNE CHOLUTION SI TU CROIS QUE CHA NE M'EST CHAMAIS ARRIVÉ UN TCHRUC PAREIL.
ALLÔ YANNICK ?
J'AI EU PEUR D'AVOIR UN EMPÊCHEMENT, MAIS EMMA VA ME SAUVER.
OUI, JE SAIS, AVEC ELLE JE SUIS...
...VERNI.

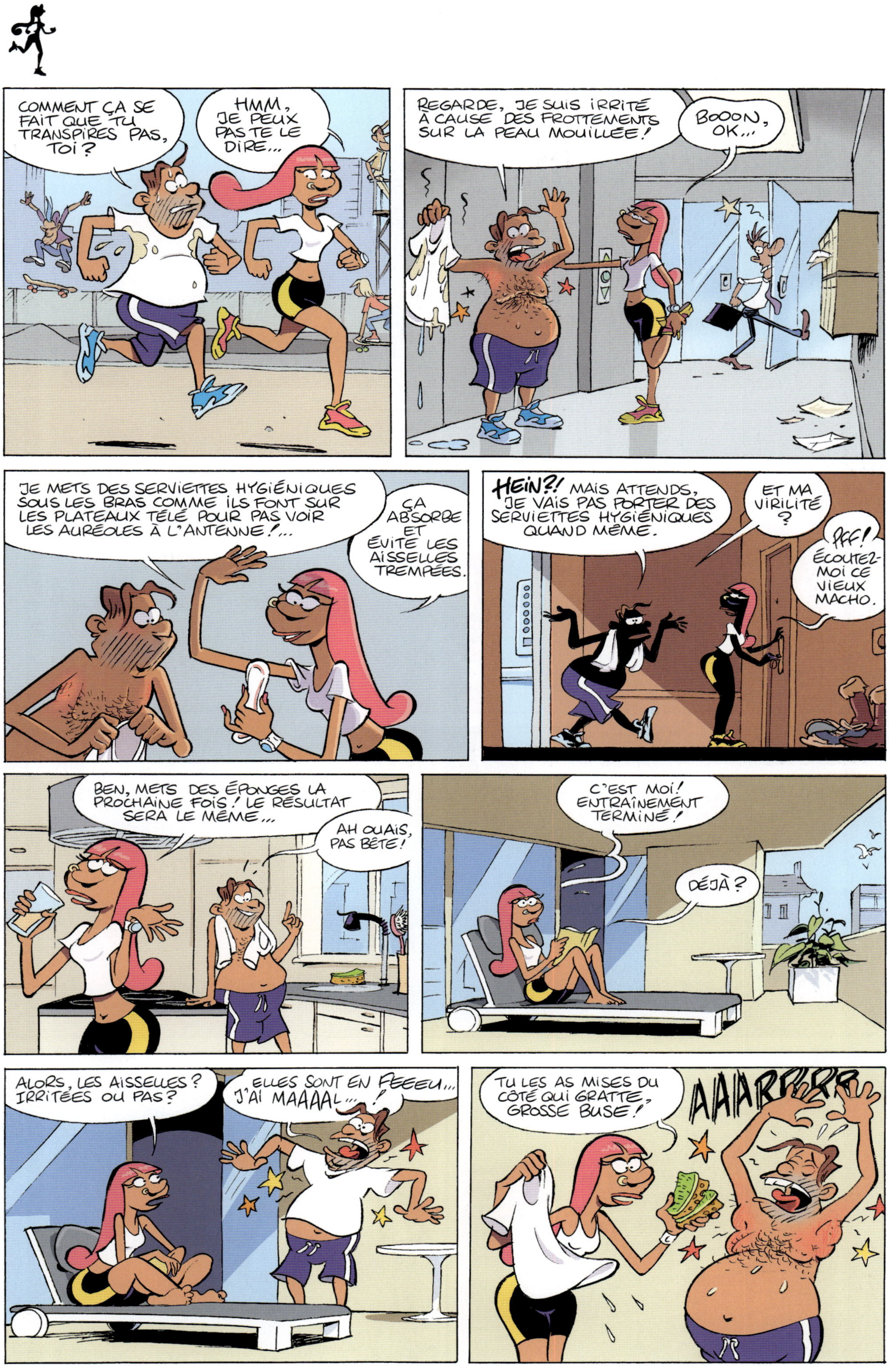
COMMENT ÇA SE FAIT QUE TU TRANSPIRES PAS, TOI ?
HMM, JE PEUX PAS TE LE DIRE...
REGARDE, JE SUIS IRRITÉ À CAUSE DES FROTTEMENTS SUR LA PEAU MOUILLÉE !
BOOON, OK...
JE METS DES SERVIETTES HYGIÉNIQUES SOUS LES BRAS COMME ILS FONT SUR LES PLATEAUX TÉLÉ POUR PAS VOIR LES AURÉOLES À L'ANTENNE !...
ÇA ABSORBE ET ÉVITE LES AISSELLES TREMPÉES.
HEIN ?! MAIS ATTENDS, JE VAIS PAS PORTER DES SERVIETTES HYGIÉNIQUES QUAND MÊME.
ET MA VIRILITÉ ?
PFF ! ÉCOUTEZ-MOI CE VIEUX MACHO.
BEN, METS DES ÉPONGES LA PROCHAINE FOIS ! LE RÉSULTAT SERA LE MÊME...
AH OUAIS, PAS BÊTE !
C'EST MOI ! ENTRAÎNEMENT TERMINÉ !
DÉJÀ ?
ALORS, LES AISSELLES ? IRRITÉES OU PAS ?
ELLES SONT EN FEEEU... J'AI MAAAAL... !
TU LES AS MISES DU CÔTÉ QUI GRATTE, GROSSE BUSE !
AAAARRRR

ON ACCUEILLE FRED QUI NOUS REJOINT DANS LE CLUB !
SALUT.
BIENVENUE !
TU VAS VOIR, TU VAS ADORER.
ALORS, C'EST QUOI TON OBJECTIF DE PERFORMANCES ?
EUH... COMME ÇA, DE BUT EN BLANC ?
LE PREMIER TRUC QUI TE PASSE PAR LA TÊTE !
...ET NOUS VOUS RAPPELONS QUE VOUS AVEZ JUSQU'À MINUIT POUR RENDRE VOTRE DÉCLARATION...
...C'EST-À-DIRE DANS 15 MINUTES EXACTEMENT ! DÉPÊCHEZ-VOUS, LES RETARDATAIRES !
LES IMPÔTS !
J'AI OUBLIÉ LES IMPÔTS !
QUOI ? ÇA FAIT DES SEMAINES QUE TU DOIS POSTER L'ENVELOPPE !
JE FONCE JUSQU'AU TRÉSOR PUBLIC !
ÇA VA LE FAIRE ... !
PFF ! PFF !
PFFF ! PFFF !
RAÂÂAA...
HHHH...
BANK
MINUIT DEUX, C'EST BALLOT...
ÇA FAIT 10 % DE PÉNALITÉS DE RETARD.
CENTRE DU TRÉSOR PUBLIC
DEUX MINUTES ! JE VEUX GAGNER DEUX MINUTES !

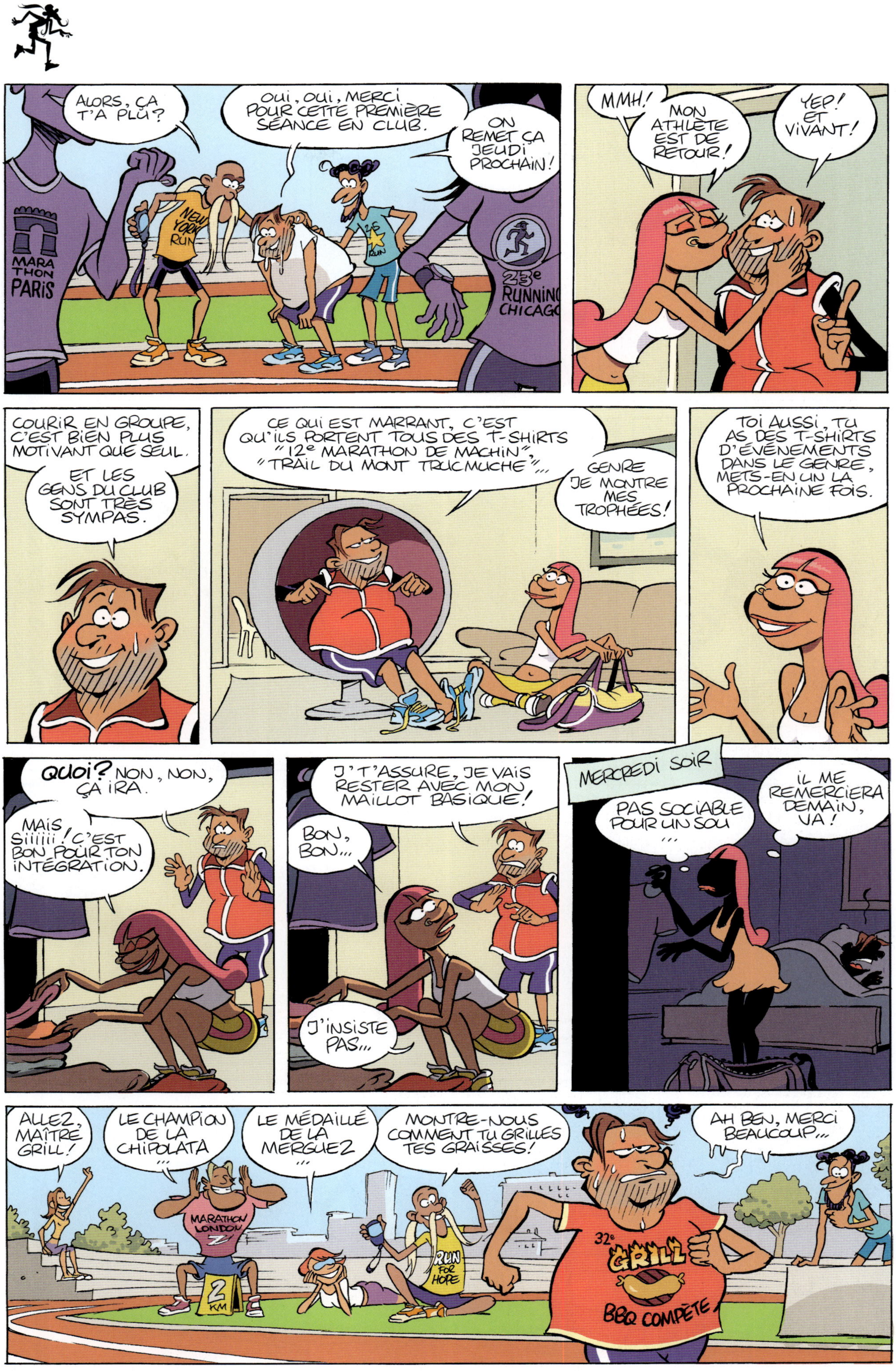
ALORS, ÇA T'A PLU ?
OUI, OUI, MERCI POUR CETTE PREMIÈRE SÉANCE EN CLUB.
ON REMET ÇA JEUDI PROCHAIN !
NEW YORK RUN
25 RUN
MARATHON PARIS
23e RUNNING CHICAGO
MMH !
MON ATHLÈTE EST DE RETOUR !
YEP ! ET VIVANT !
COURIR EN GROUPE, C'EST BIEN PLUS MOTIVANT QUE SEUL.
ET LES GENS DU CLUB SONT TRÈS SYMPAS.
CE QUI EST MARRANT, C'EST QU'ILS PORTENT TOUS DES T-SHIRTS "12e MARATHON DE MACHIN", "TRAIL DU MONT TRUCMUCHE"...
GENRE JE MONTRE MES TROPHÉES !
TOI AUSSI, TU AS DES T-SHIRTS D'ÉVÉNEMENTS DANS LE GENRE, METS-EN UN LA PROCHAINE FOIS.
QUOI ? NON, NON, ÇA IRA.
MAIS SIIIIII ! C'EST BON POUR TON INTÉGRATION.
J'T'ASSURE, JE VAIS RESTER AVEC MON MAILLOT BASIQUE !
BON, BON...
J'INSISTE PAS...
MERCREDI SOIR
PAS SOCIABLE POUR UN SOU ...
IL ME REMERCIERA DEMAIN, VA !
ALLEZ, MAÎTRE GRILL !
LE CHAMPION DE LA CHIPOLATA ...
LE MÉDAILLÉ DE LA MERGUEZ ...
MONTRE-NOUS COMMENT TU GRILLES TES GRAISSES !
AH BEN, MERCI BEAUCOUP...
MARATHON LONDON
2 KM
RUN FOR HOPE
32e GRILL BBQ COMPÈTE

POUR AMÉLIORER TES CHRONOS, L'IDÉAL C'EST DE SE METTRE AU FRACTIONNÉ...
DU MOMENT QUE C'EST PAS DU FRACTURÉ.
TU COMMENCES COOL, PUIS...
À FOND PENDANT 30 SECONDES !
PUIS RE-COOL PENDANT 30 SECONDES AUSSI...
... À FOND !
COOL...
À FOND!
COOL...
À FOND!
ALORS, ÇA FRACTIONNE ?
ALORS ÇA FRACASSE !
PFIOU...!
J'AI FAIT UN ENTRAÎNEMENT DE FOLIE CE MIDI...
... À BASE DE FRACTIONNÉS.
TIP! TIP! TIP! TIP! TIP! TIP! TIP! TIP! TIP! TIP! TIP!
TU VEUX SAVOIR CE QUE C'EST ?
TIP! TIP! TIP! TIP! TIP! TIP! TIP! TIP! TIP! TIP!
JE CROIS QUE J'AI COMPRIS LE PRINCIPE...

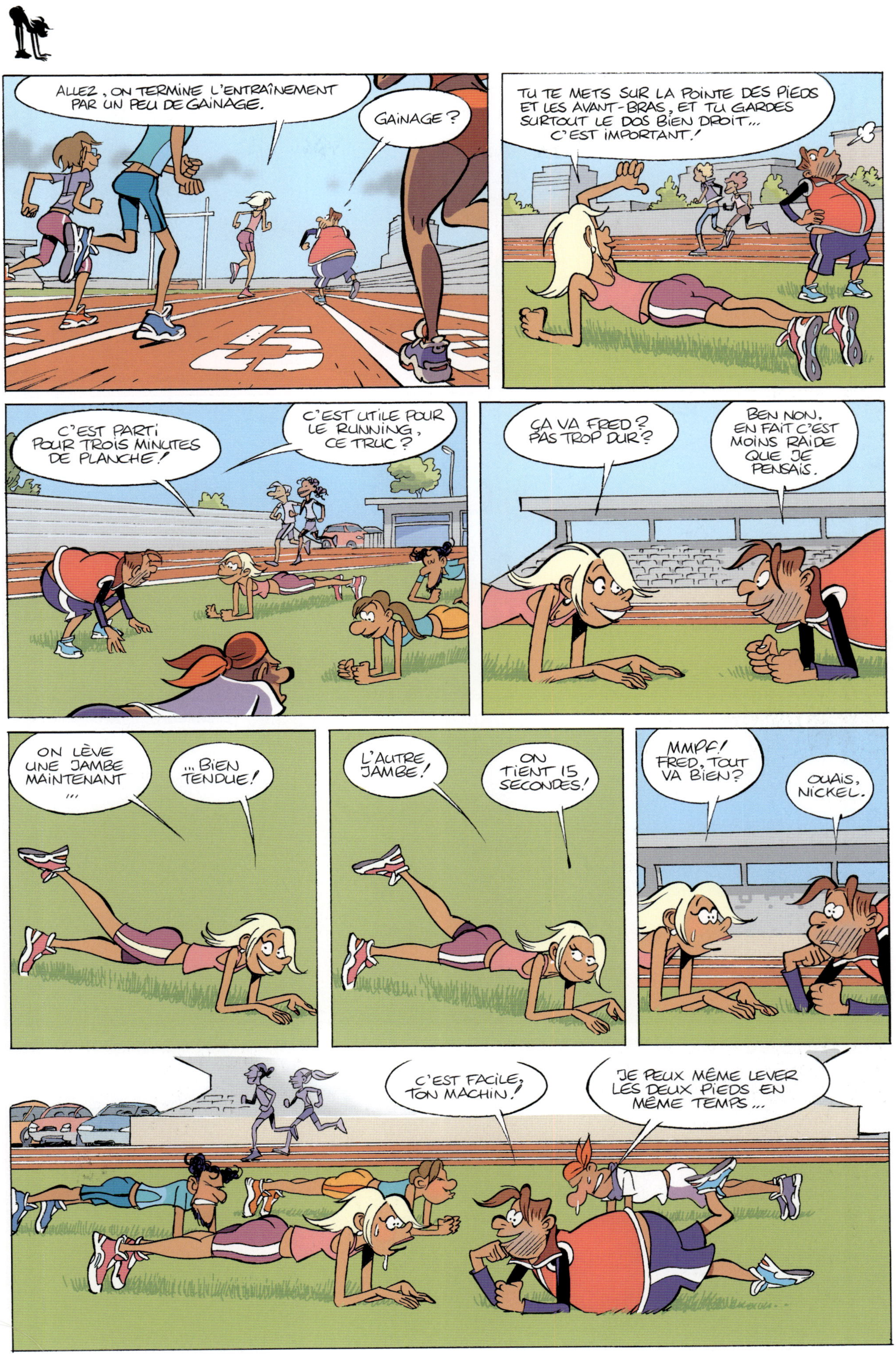
ALLEZ, ON TERMINE L'ENTRAÎNEMENT PAR UN PEU DE GAINAGE.
GAINAGE ?
TU TE METS SUR LA POINTE DES PIEDS ET LES AVANT-BRAS, ET TU GARDES SURTOUT LE DOS BIEN DROIT... C'EST IMPORTANT !
C'EST PARTI POUR TROIS MINUTES DE PLANCHE !
C'EST UTILE POUR LE RUNNING, CE TRUC ?
ÇA VA FRED ? PAS TROP DUR ?
BEN NON. EN FAIT C'EST MOINS RAIDE QUE JE PENSAIS.
ON LÈVE UNE JAMBE MAINTENANT ...
... BIEN TENDUE !
L'AUTRE JAMBE !
ON TIENT 15 SECONDES !
MMPF ! FRED, TOUT VA BIEN ?
OUAIS, NICKEL.
C'EST FACILE, TON MACHIN !
JE PEUX MÊME LEVER LES DEUX PIEDS EN MÊME TEMPS...

PFFF...
COURIR, C'EST CHIANT COMME LA PLUIE.
RAH! COURIR, C'EST CHIANT COMME LA PLUIE...
GRMLL...
COURIR, C'EST CHIANT COMME LA PLUIE...
BUDDA BAR
C'EST BON!
CHANGE DE DISCOURS!
COURIR, C'EST CHIANT SOUS LA PLUIE...

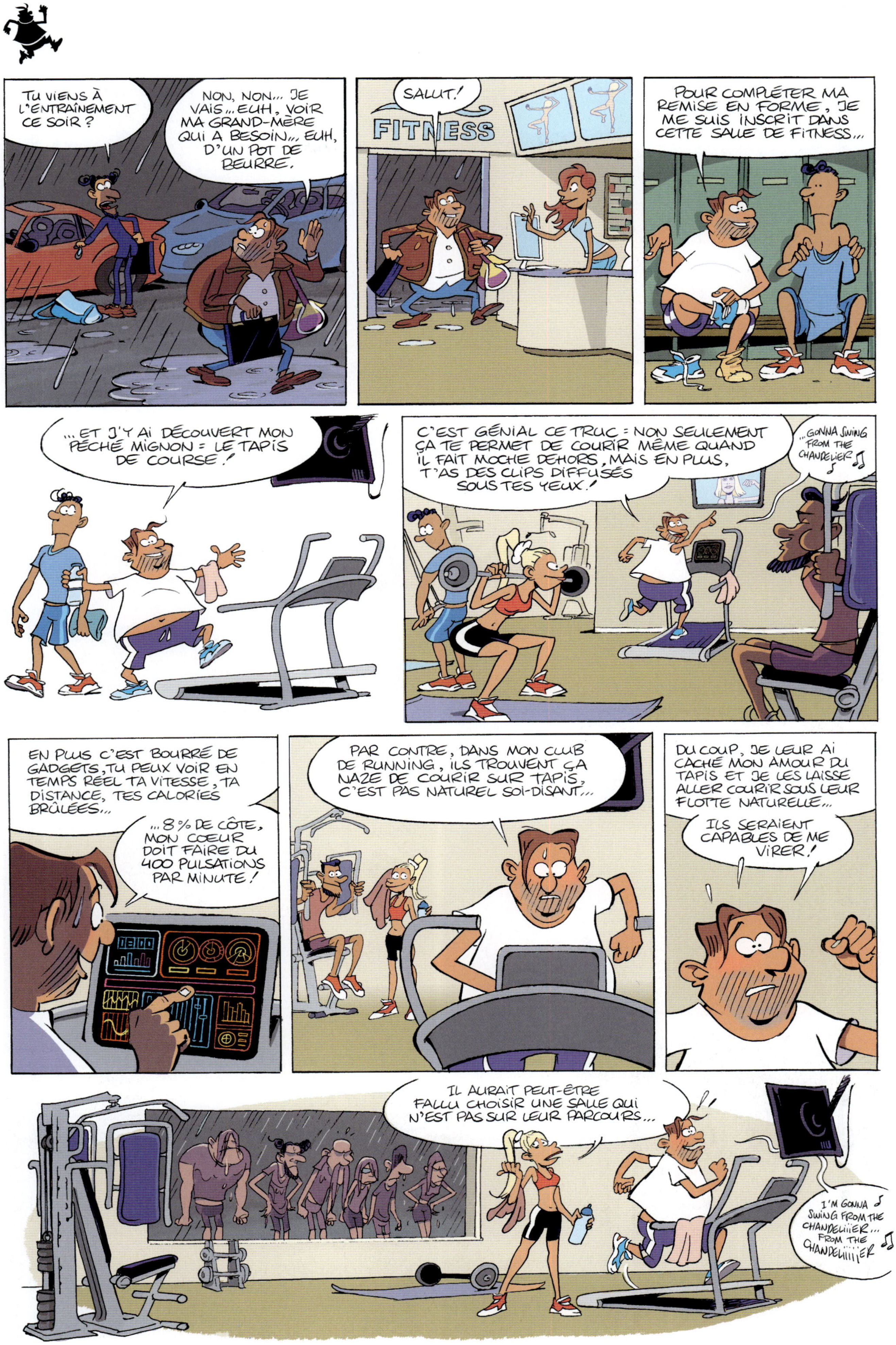

TU VIENS À L'ENTRAÎNEMENT CE SOIR ?
NON, NON... JE VAIS... EUH, VOIR MA GRAND-MÈRE QUI A BESOIN... EUH, D'UN POT DE BEURRE.
SALUT !
FITNESS
POUR COMPLÉTER MA REMISE EN FORME, JE ME SUIS INSCRIT DANS CETTE SALLE DE FITNESS...
...ET J'Y AI DÉCOUVERT MON PÉCHÉ MIGNON : LE TAPIS DE COURSE !
C'EST GÉNIAL CE TRUC : NON SEULEMENT ÇA TE PERMET DE COURIR MÊME QUAND IL FAIT MOCHE DEHORS, MAIS EN PLUS, T'AS DES CLIPS DIFFUSÉS SOUS TES YEUX !
...GONNA SWING FROM THE CHANDELIER
EN PLUS C'EST BOURRÉ DE GADGETS, TU PEUX VOIR EN TEMPS RÉEL TA VITESSE, TA DISTANCE, TES CALORIES BRÛLÉES...
...8 % DE CÔTE, MON COEUR DOIT FAIRE DU 400 PULSATIONS PAR MINUTE !
PAR CONTRE, DANS MON CLUB DE RUNNING, ILS TROUVENT ÇA NAZE DE COURIR SUR TAPIS, C'EST PAS NATUREL SOI-DISANT...
DU COUP, JE LEUR AI CACHÉ MON AMOUR DU TAPIS ET JE LES LAISSE ALLER COURIR SOUS LEUR FLOTTE NATURELLE...
ILS SERAIENT CAPABLES DE ME VIRER !
IL AURAIT PEUT-ÊTRE FALLU CHOISIR UNE SALLE QUI N'EST PAS SUR LEUR PARCOURS...
I'M GONNA SWING FROM THE CHANDELIIIER... FROM THE CHANDELIIIIIER

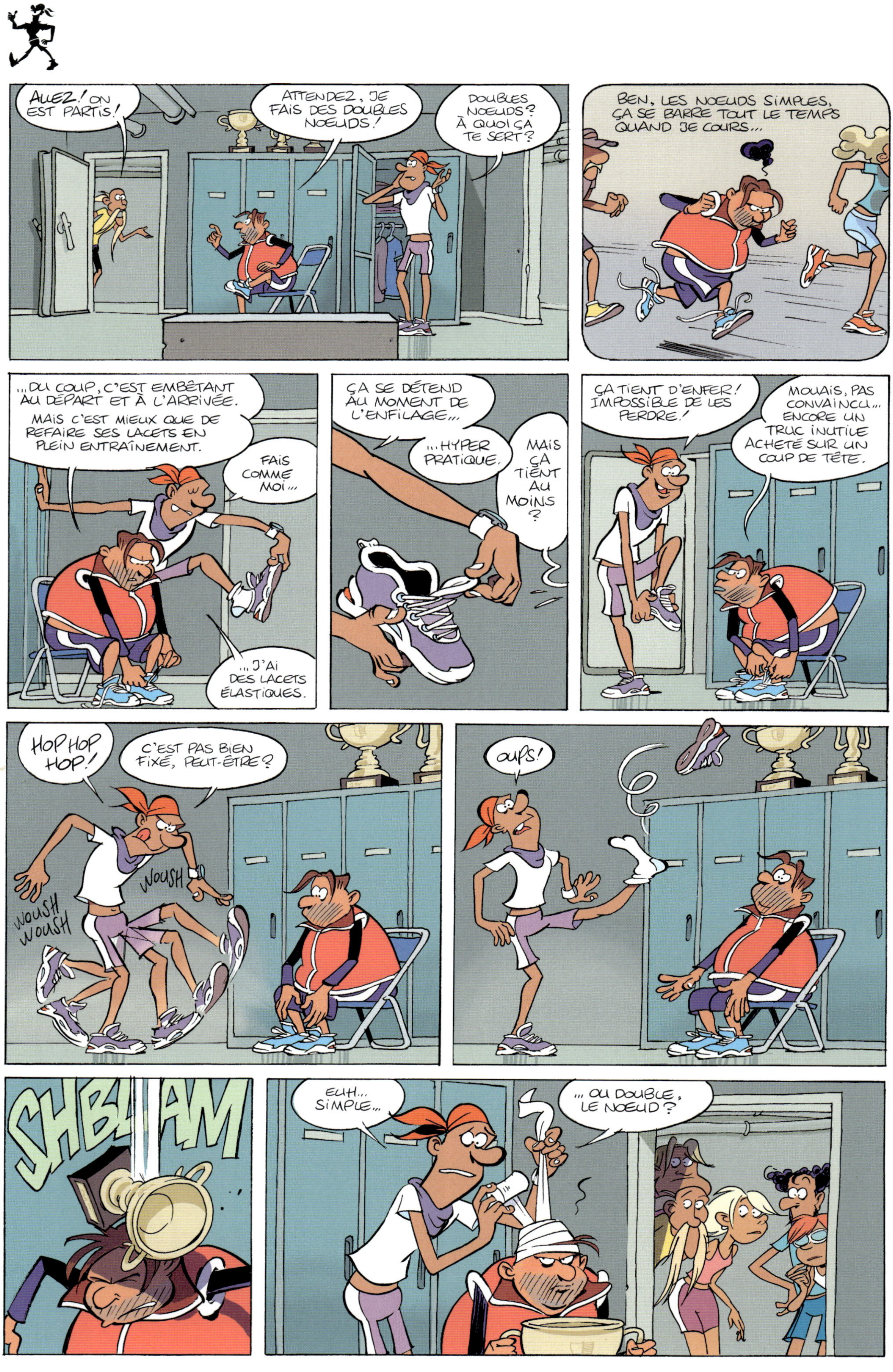
ALLEZ ! ON EST PARTIS !
ATTENDEZ, JE FAIS DES DOUBLES NOEUDS !
DOUBLES NOEUDS ? À QUOI ÇA TE SERT ?
BEN, LES NOEUDS SIMPLES, ÇA SE BARRE TOUT LE TEMPS QUAND JE COURS...
...DU COUP, C'EST EMBÊTANT AU DÉPART ET À L'ARRIVÉE.
MAIS C'EST MIEUX QUE DE REFAIRE SES LACETS EN PLEIN ENTRAÎNEMENT.
FAIS COMME MOI...
...J'AI DES LACETS ÉLASTIQUES.
ÇA SE DÉTEND AU MOMENT DE L'ENFILAGE...
...HYPER PRATIQUE.
MAIS ÇA TIENT AU MOINS ?
ÇA TIENT D'ENFER ! IMPOSSIBLE DE LES PERDRE !
MOUAIS, PAS CONVAINCU... ENCORE UN TRUC INUTILE ACHETÉ SUR UN COUP DE TÊTE.
HOP HOP HOP !
C'EST PAS BIEN FIXÉ, PEUT-ÊTRE ?
WOUSH
WOUSH WOUSH
OUPS !
SHBLAM
EUH... SIMPLE...
...OU DOUBLE, LE NOEUD ?

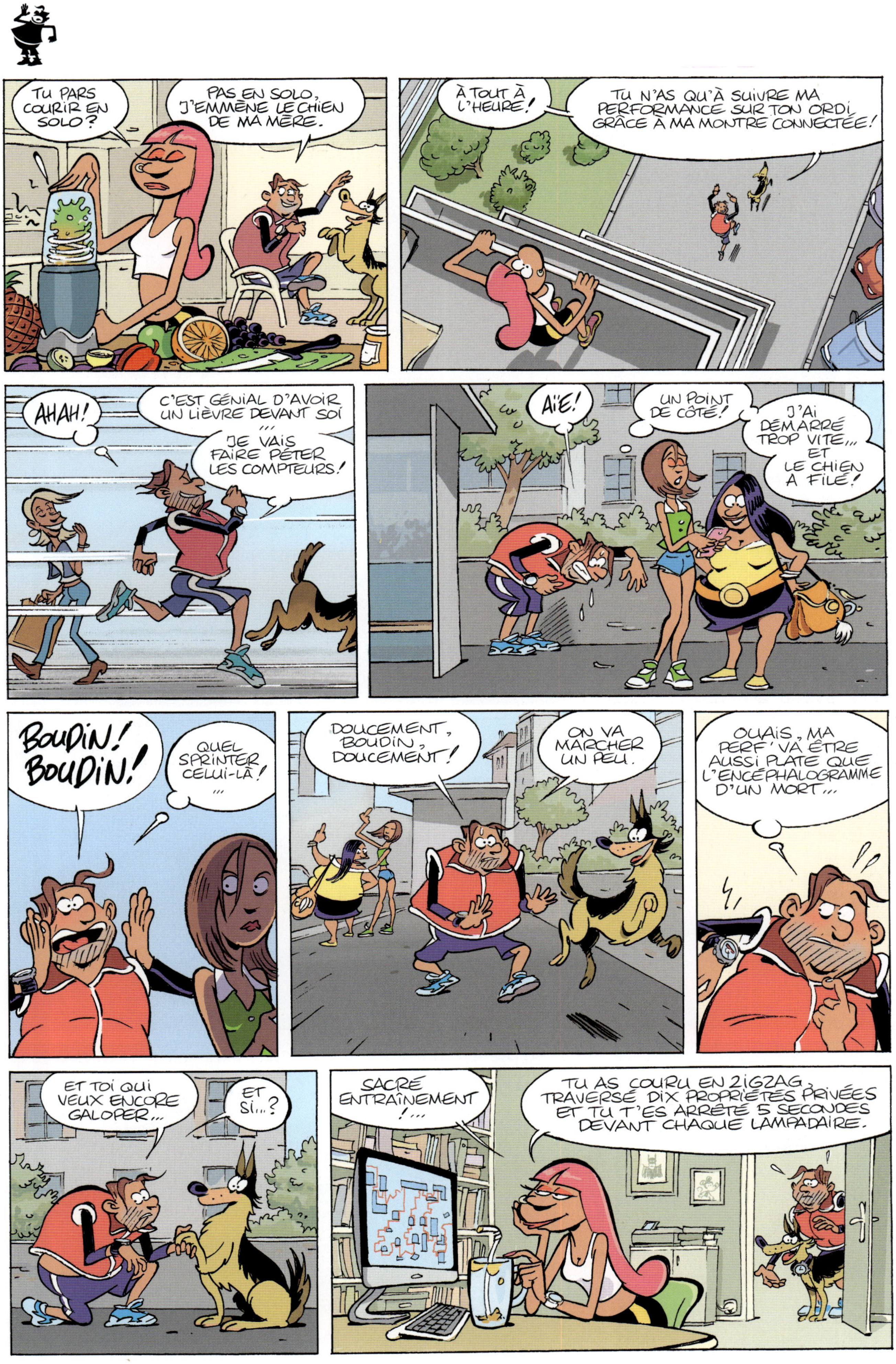
TU PARS COURIR EN SOLO ?
PAS EN SOLO, J'EMMÈNE LE CHIEN DE MA MÈRE.
À TOUT À L'HEURE !
TU N'AS QU'À SUIVRE MA PERFORMANCE SUR TON ORDI GRÂCE À MA MONTRE CONNECTÉE !
AHAH !
C'EST GÉNIAL D'AVOIR UN LIÈVRE DEVANT SOI ...
JE VAIS FAIRE PÉTER LES COMPTEURS !
AÏE !
UN POINT DE CÔTÉ !
J'AI DÉMARRÉ TROP VITE... ET LE CHIEN A FILÉ !
BOUDIN ! BOUDIN !
QUEL SPRINTER CELUI-LÀ ! ...
DOUCEMENT, BOUDIN, DOUCEMENT !
ON VA MARCHER UN PEU.
OUAIS, MA PERF' VA ÊTRE AUSSI PLATE QUE L'ENCÉPHALOGRAMME D'UN MORT...
ET TOI QUI VEUX ENCORE GALOPER...
ET SI... ?
SACRÉ ENTRAÎNEMENT !...
TU AS COURU EN ZIGZAG, TRAVERSÉ DIX PROPRIÉTÉS PRIVÉES ET TU T'ES ARRÊTÉ 5 SECONDES DEVANT CHAQUE LAMPADAIRE.

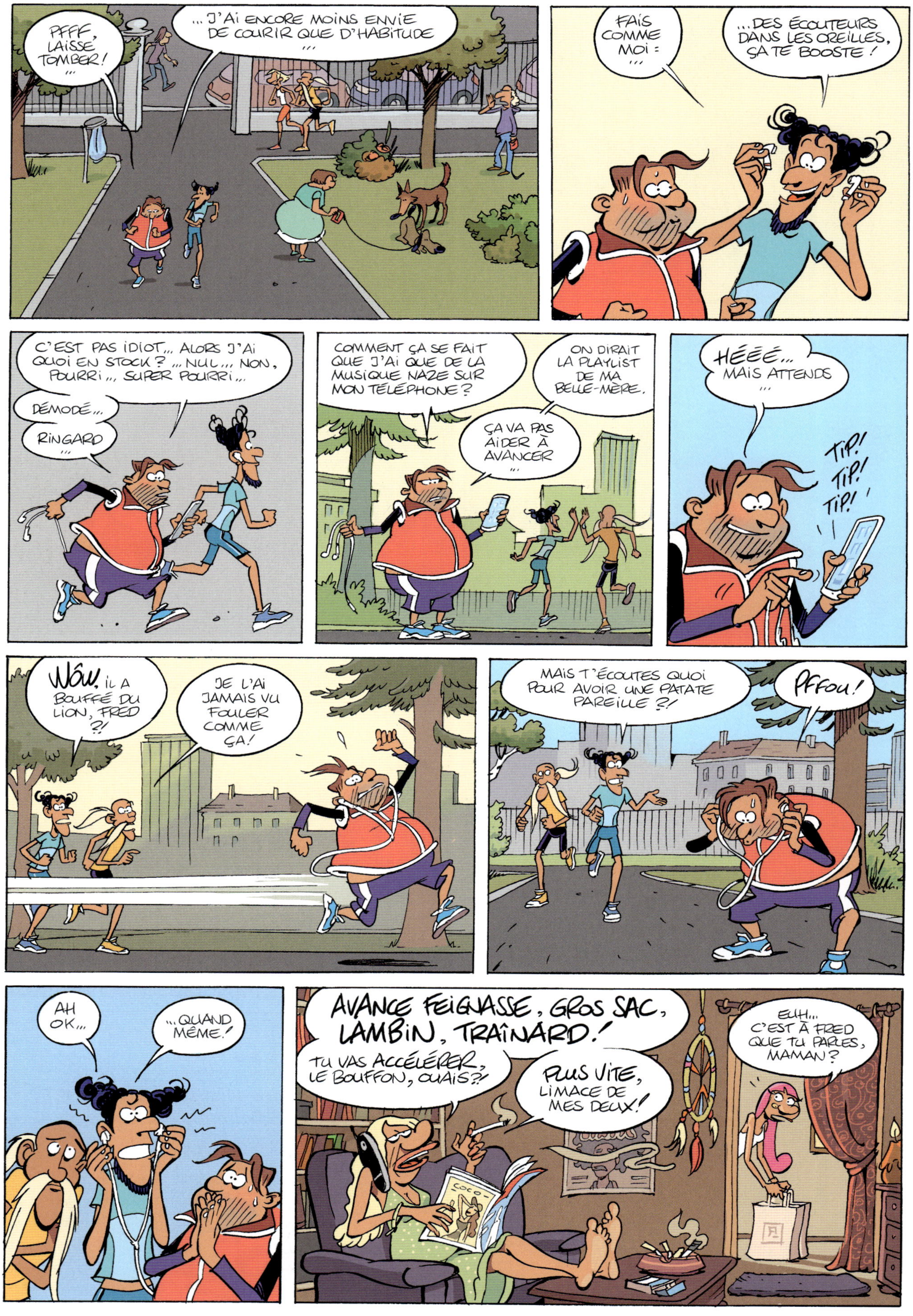
PFFF, LAISSE TOMBER ! ...
... J'AI ENCORE MOINS ENVIE DE COURIR QUE D'HABITUDE ...
FAIS COMME MOI : ...
... DES ÉCOUTEURS DANS LES OREILLES, ÇA TE BOOSTE !
C'EST PAS IDIOT... ALORS J'AI QUOI EN STOCK ? ... NUL... NON, POURRI... SUPER POURRI...
DÉMODÉ...
RINGARD ...
COMMENT ÇA SE FAIT QUE J'AI QUE DE LA MUSIQUE NAZE SUR MON TÉLÉPHONE ?
ON DIRAIT LA PLAYLIST DE MA BELLE-MÈRE.
ÇA VA PAS AIDER À AVANCER ...
HÉÉÉ... MAIS ATTENDS ...
TIP! TIP! TIP!
WÔW, IL A BOUFFÉ DU LION, FRED ?!
JE L'AI JAMAIS VU FOULER COMME ÇA !
MAIS T'ÉCOUTES QUOI POUR AVOIR UNE PATATE PAREILLE ?!
PFFOU !
AH OK...
... QUAND MÊME !
AVANCE FEIGNASSE, GROS SAC, LAMBIN, TRAÎNARD !
TU VAS ACCÉLÉRER, LE BOUFFON, OUAIS ?!
PLUS VITE, LIMACE DE MES DEUX !
EUH... C'EST À FRED QUE TU PARLES, MAMAN ?
COCO

SUPER SORTIE, CE MIDI ! ON REMET ÇA DEMAIN ?
HEU... YES, J'TE CONFIRMERAI ...
ALLEZ, AU BOULOT, YOUHOUW !
ÇA TE FATIGUE PAS DE FAIRE DU RUNNING À MIDI ?
MOI, J'AURAIS DU MAL L'APRÈS-MIDI.
EH BIEN, FIGURE-TOI QUE C'EST CARRÉMENT LE CONTRAIRE.
ÇA ME BOOSTE À FOND !
AVANT, JE SOMNOLAIS TOUJOURS APRÈS 14 HEURES...
J'ÉTAIS PLUS BON À RIEN.
JE DOIS MÊME T'AVOUER QU'IL M'ARRIVAIT ASSEZ SOUVENT D'ALLER PIQUER UN ROUPILLON EN SALLE DE RÉUNION.
MAINTENANT, J'AI UNE PATATE D'ENFER !
BON ! ON VA SE LA FAIRE, LA CONCURRENCE ! ON EST DES TIGRES !
SÉVERINE, C'EST À PROPOS DE FRED...
VOUS LUI AVEZ PRESCRIT DES TRUCS LOUCHES OU QUOI ?

GÉRARD ?
TU FAIS QUOI ?!
BEN, MES CARTONS ! JE SUIS VIRÉ...
QUOI ?!
C'EST UNE HONTE ! LE MÉDECIN DU TRAVAIL M'A DEMANDÉ DE FAIRE DU SPORT, QUE JE SUIS TROP SÉDENTAIRE, QUE J'AI DES RISQUES CARDIO-VASCULAIRES, GNAGNAGNA... !
MOI AUSSI ! DU COUP, JE ME SUIS MIS AU RUNNING.
JE ME SUIS PAS LAISSÉ FAIRE ! JE LUI AI DIT QUE MOI VIVANT, JAMAIS JE NE TRANSPIRERAI DANS UN SHORT, À PART AU BARBECUE !
ET... ET ALORS ?
ET ALORS LE PATRON A DÉBARQUÉ DANS MON BUREAU ET M'A VIRÉ !
WOH !
FRANCHEMENT, TU PEUX ME DIRE À QUOI ÇA PEUT TE SERVIR, LA COURSE À PIED DANS NOTRE ENTREPRISE, HEIN ?!
BLANCHARD ! QU'EST-CE QUE VOUS FOUTEZ ENCORE LÀ ?! J'AI DIT DEHORS !
AH OUAIS...
OK.
ZOOOF

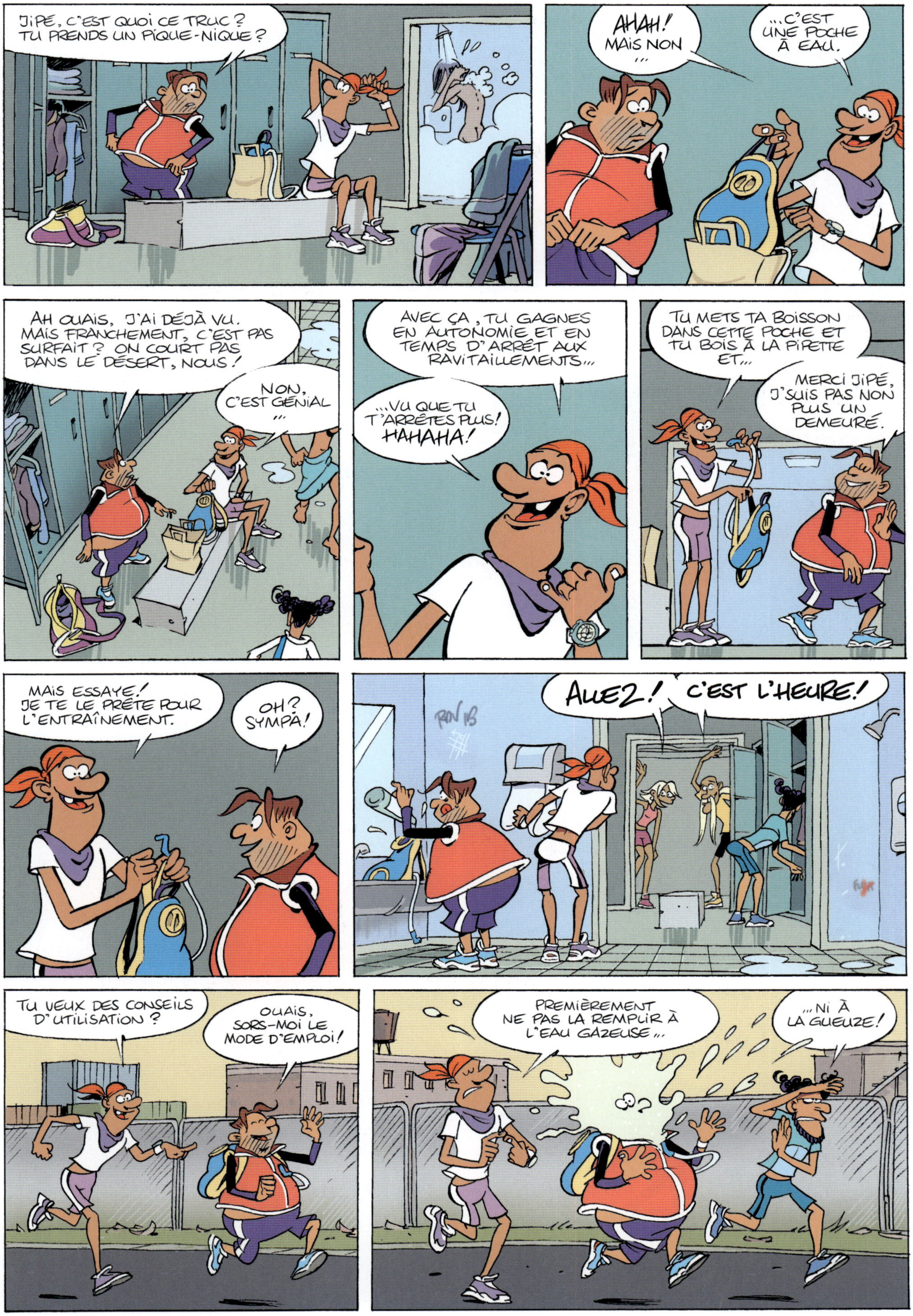
JIPÉ, C'EST QUOI CE TRUC ? TU PRENDS UN PIQUE-NIQUE ?
AHAH ! MAIS NON ...
...C'EST UNE POCHE À EAU.
AH OUAIS, J'AI DÉJÀ VU. MAIS FRANCHEMENT, C'EST PAS SURFAIT ? ON COURT PAS DANS LE DÉSERT, NOUS !
NON, C'EST GÉNIAL ...
AVEC ÇA, TU GAGNES EN AUTONOMIE ET EN TEMPS D'ARRÊT AUX RAVITAILLEMENTS...
...VU QUE TU T'ARRÊTES PLUS ! HAHAHA !
TU METS TA BOISSON DANS CETTE POCHE ET TU BOIS À LA PIPETTE ET...
MERCI JIPÉ, J'SUIS PAS NON PLUS UN DEMEURÉ.
MAIS ESSAYE ! JE TE LE PRÊTE POUR L'ENTRAÎNEMENT.
OH ? SYMPA !
ALLEZ ! C'EST L'HEURE !
TU VEUX DES CONSEILS D'UTILISATION ?
OUAIS, SORS-MOI LE MODE D'EMPLOI !
PREMIÈREMENT NE PAS LA REMPLIR À L'EAU GAZEUSE...
...NI À LA GUEUZE !

HOP HOP HOP...
...ON ARRIVE DANS LES BOIS.
T'AS BIEN PRIS TA GALETTE ET TON POT DE BEURRE DANS TON SAC ?
NON, MAIS J'AI APPORTÉ DES GILETS JAUNES POUR TOUT LE MONDE, ALORS DITES SURTOUT PAS MERCI.
ON EST EN PLEINE JOURNÉE, POURQUOI TU VEUX QU'ON ENFILE ÇA ?
OUAIS, TU NOUS PRENDS POUR DES OUVRIERS DU BÂTIMENT ?
T'AS PRIS TES CASQUES DE CHANTIER ?
HÉ, LES GROS MALINS ...
...VOUS AVEZ OUBLIÉ QU'ON EST EN PÉRIODE DE CHASSE ?
AU MOINS, AVEC ÇA, ON NE NOUS PREND PAS POUR DU GIBIER ET ON NE NOUS TIRE PAS DESSUS !
MERCI STEF, C'EST UN VRAI GILET PARE-BALLES QUE TU NOUS OFFRES.
...
BEN ?!
T'AS FAIT QUOI DE TON GILET ?
GROUIK ?

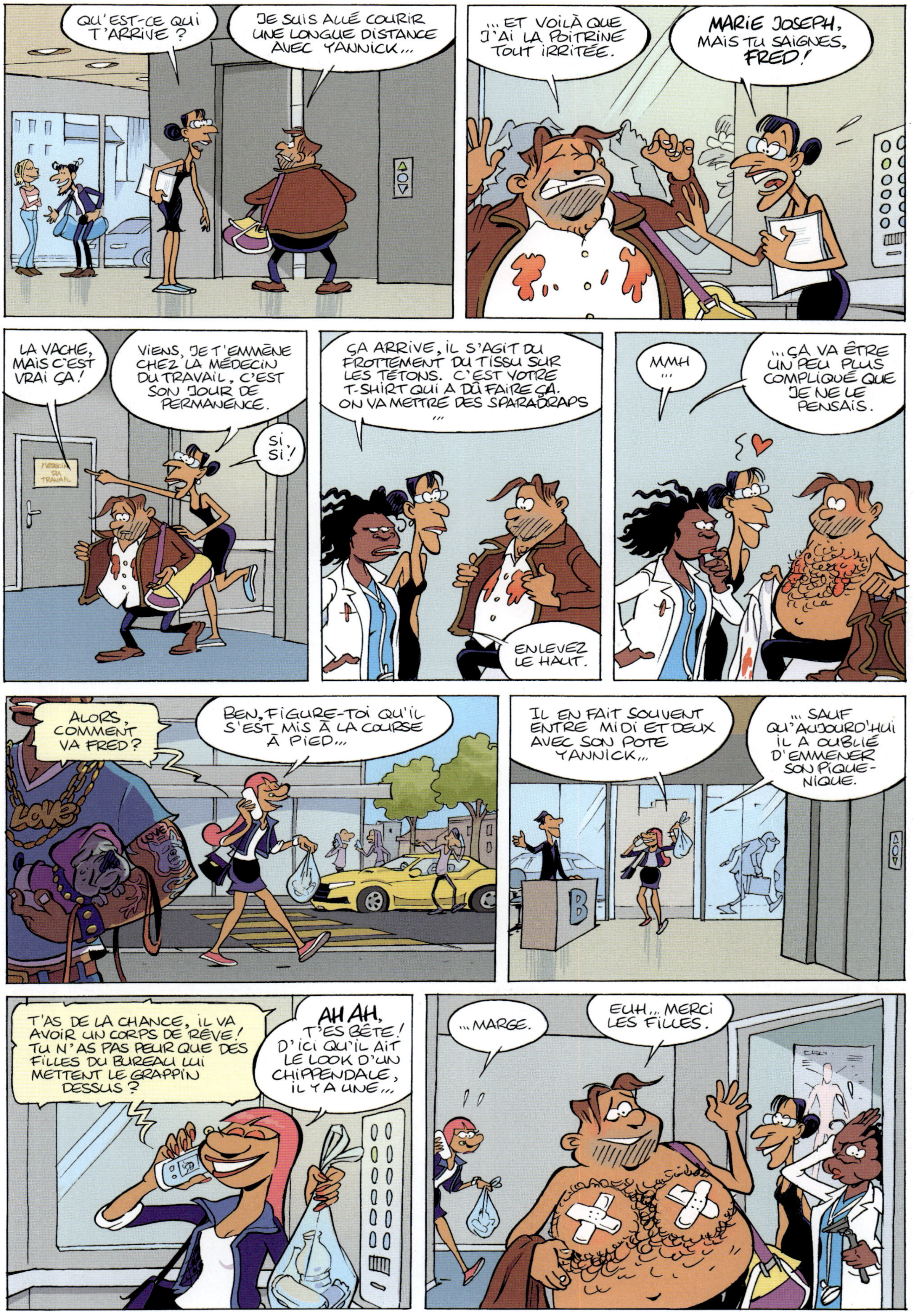
QU'EST-CE QUI T'ARRIVE ?
JE SUIS ALLÉ COURIR UNE LONGUE DISTANCE AVEC YANNICK...
... ET VOILÀ QUE J'AI LA POITRINE TOUT IRRITÉE.
MARIE JOSEPH, MAIS TU SAIGNES, FRED !
LA VACHE, MAIS C'EST VRAI ÇA !
VIENS, JE T'EMMÈNE CHEZ LA MÉDECIN DU TRAVAIL, C'EST SON JOUR DE PERMANENCE.
SI, SI !
MÉDECIN DU TRAVAIL
ÇA ARRIVE, IL S'AGIT DU FROTTEMENT DU TISSU SUR LES TÉTONS. C'EST VOTRE T-SHIRT QUI A DÛ FAIRE ÇA. ON VA METTRE DES SPARADRAPS ...
ENLEVEZ LE HAUT.
MMH ...
... ÇA VA ÊTRE UN PEU PLUS COMPLIQUÉ QUE JE NE LE PENSAIS.
ALORS, COMMENT VA FRED ?
BEN, FIGURE-TOI QU'IL S'EST MIS À LA COURSE À PIED...
LOVE
IL EN FAIT SOUVENT ENTRE MIDI ET DEUX AVEC SON POTE YANNICK...
... SAUF QU'AUJOURD'HUI IL A OUBLIÉ D'EMMENER SON PIQUE-NIQUE.
B
T'AS DE LA CHANCE, IL VA AVOIR UN CORPS DE RÊVE ! TU N'AS PAS PEUR QUE DES FILLES DU BUREAU LUI METTENT LE GRAPPIN DESSUS ?
AH AH, T'ES BÊTE ! D'ICI QU'IL AIT LE LOOK D'UN CHIPPENDALE, IL Y A UNE...
... MARGE.
EUH... MERCI LES FILLES.

SPORT
C'EST PARTI, LES CREVETTES !
ON BOSSE LA VMA, AUJOURD'HUI ?
JE PENSAIS PLUTÔT À UNE SL, UNE QUINZAINE DE KILOMÈTRES...
AH, OK.
CHUIS À 60% DE MA FCMAX !
T'AS LA FORME !
MA VO2MAX A MONTÉ EN FLÈCHE.
ET MOI, MA FOULÉE A PRIS 20 CENTIMÈTRES GRÂCE À LA PPS !
VMA, VO2MACHIN, PPS, SL, TCHEU, ARRÊTEZ AVEC VOS ABRÉVIATIONS INCOMPRÉHENSIBLES !
ON N'Y PIGE RIEN !
'TENTION !
FAUDRAIT LE METTRE EN PLS...

ALORS, QUOI DE NEUF ICI, EMMA ?
BEN, FRED S'EST MIS À LA COURSE À PIED.
C'EST PAS VRAI ?
INCROYABLE, HEIN ?
ÇA DOIT LE RENDRE PLUS ZEN.
OUI, PLUS ZEN, ON PEUT DIRE ÇA...
MAIS LÀ, ON S'EST INSCRITS ENSEMBLE À UN 10 KILOMÈTRES, ÇA SERA SON PREMIER DOSSARD !
BEN DIS DONC !
DU COUP, JE DOIS BIEN AVOUER QUE ÇA LE STRESSE UN PEU, LE CÔTÉ "COMPÉTITION"...
IL A PEUR DE PAS ASSURER...
HOP !
... ÇA FAIT DEUX JOURS QU'IL S'ENTRAÎNE POUR LES RAVITAILLEMENTS !

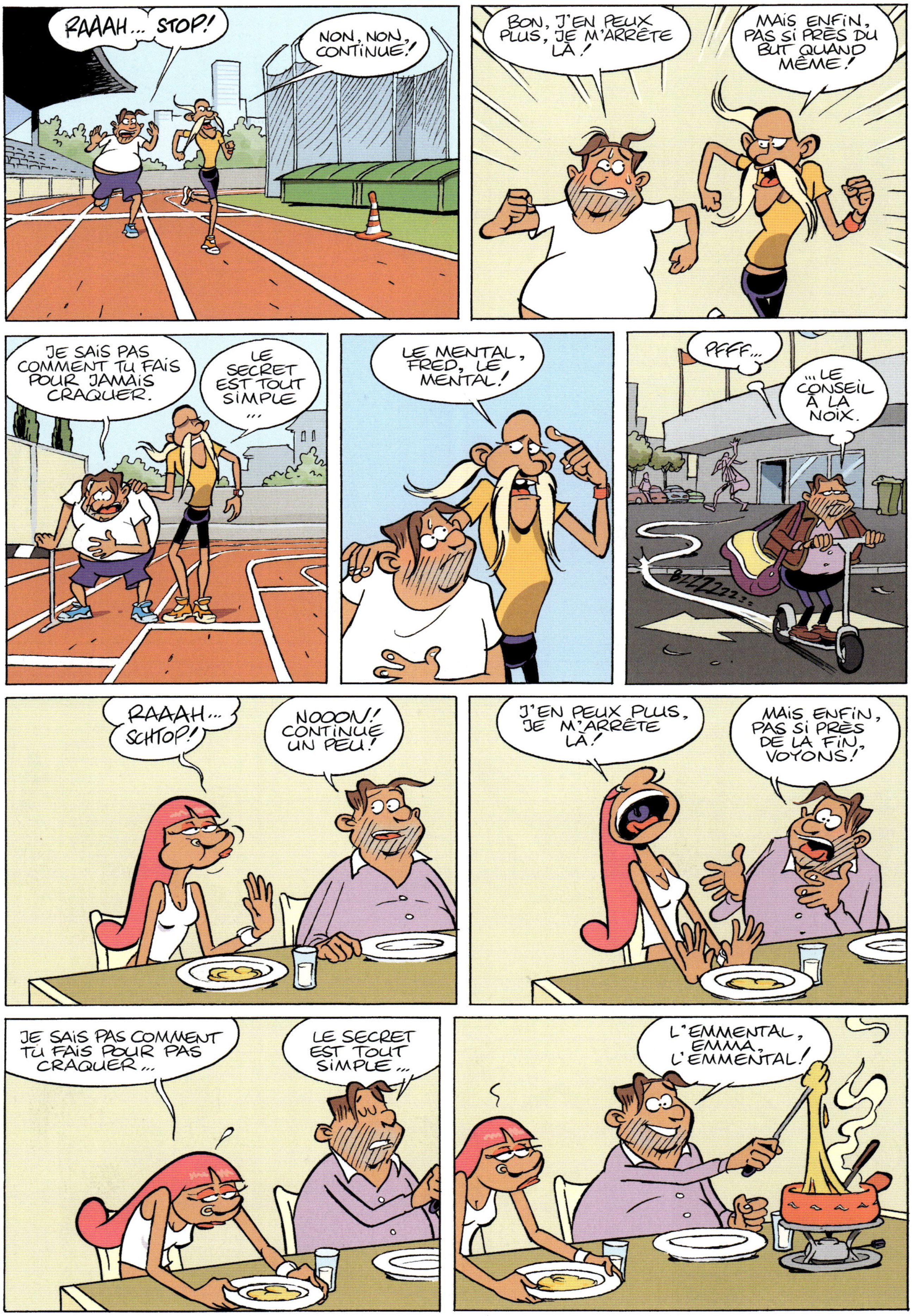
RAAAH... STOP!
NON, NON, CONTINUE!
BON, J'EN PEUX PLUS, JE M'ARRÊTE LÀ!
MAIS ENFIN, PAS SI PRÈS DU BUT QUAND MÊME!
JE SAIS PAS COMMENT TU FAIS POUR JAMAIS CRAQUER.
LE SECRET EST TOUT SIMPLE...
LE MENTAL, FRED, LE MENTAL!
PFFF...
...LE CONSEIL À LA NOIX.
BZZZZZZ...
RAAAH... SCHTOP!
NOOON! CONTINUE UN PEU!
J'EN PEUX PLUS, JE M'ARRÊTE LÀ!
MAIS ENFIN, PAS SI PRÈS DE LA FIN, VOYONS!
JE SAIS PAS COMMENT TU FAIS POUR PAS CRAQUER...
LE SECRET EST TOUT SIMPLE...
L'EMMENTAL, EMMA, L'EMMENTAL!

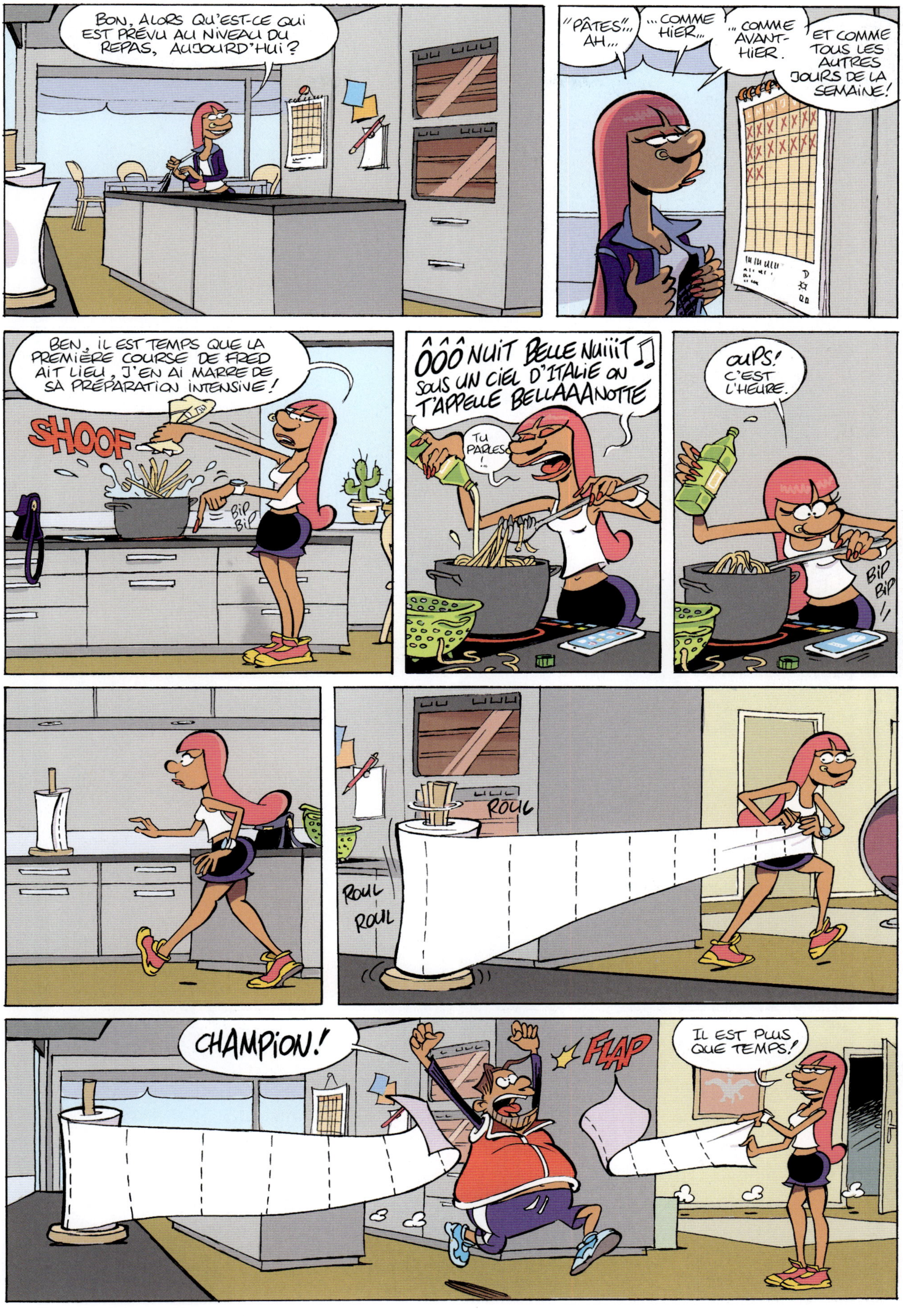
BON, ALORS QU'EST-CE QUI EST PRÉVU AU NIVEAU DU REPAS, AUJOURD'HUI ?
"PÂTES"... AH...
... COMME HIER...
... COMME AVANT-HIER.
ET COMME TOUS LES AUTRES JOURS DE LA SEMAINE !
BEN, IL EST TEMPS QUE LA PREMIÈRE COURSE DE FRED AIT LIEU, J'EN AI MARRE DE SA PRÉPARATION INTENSIVE !
SHOOF
BIP BIP
ÔÔÔ NUIT BELLE NUIIIT SOUS UN CIEL D'ITALIE ON T'APPELLE BELLAAANOTTE
TU PARLES !
OUPS ! C'EST L'HEURE.
BIP BIP
ROUL
ROUL
ROUL
CHAMPION !
FLAP
IL EST PLUS QUE TEMPS !

RAVITAILLEMENT
Run for Life
Vite
BEN QUOI ?
T'ARRIVES À BOIRE PLUS QU'UNE DEMI-GORGÉE PAR GOBELET, TOI ?

LUNDI
MARDI
WUUUUUUH
MERCREDI
JEUDI
VENDREDI
GOAL
SAMEDI
DIMANCHE
VOITURE BALAI
ÇA NE S'ARRÊTERA DONC JAMAIS ?!
COURSE des GÉRARD

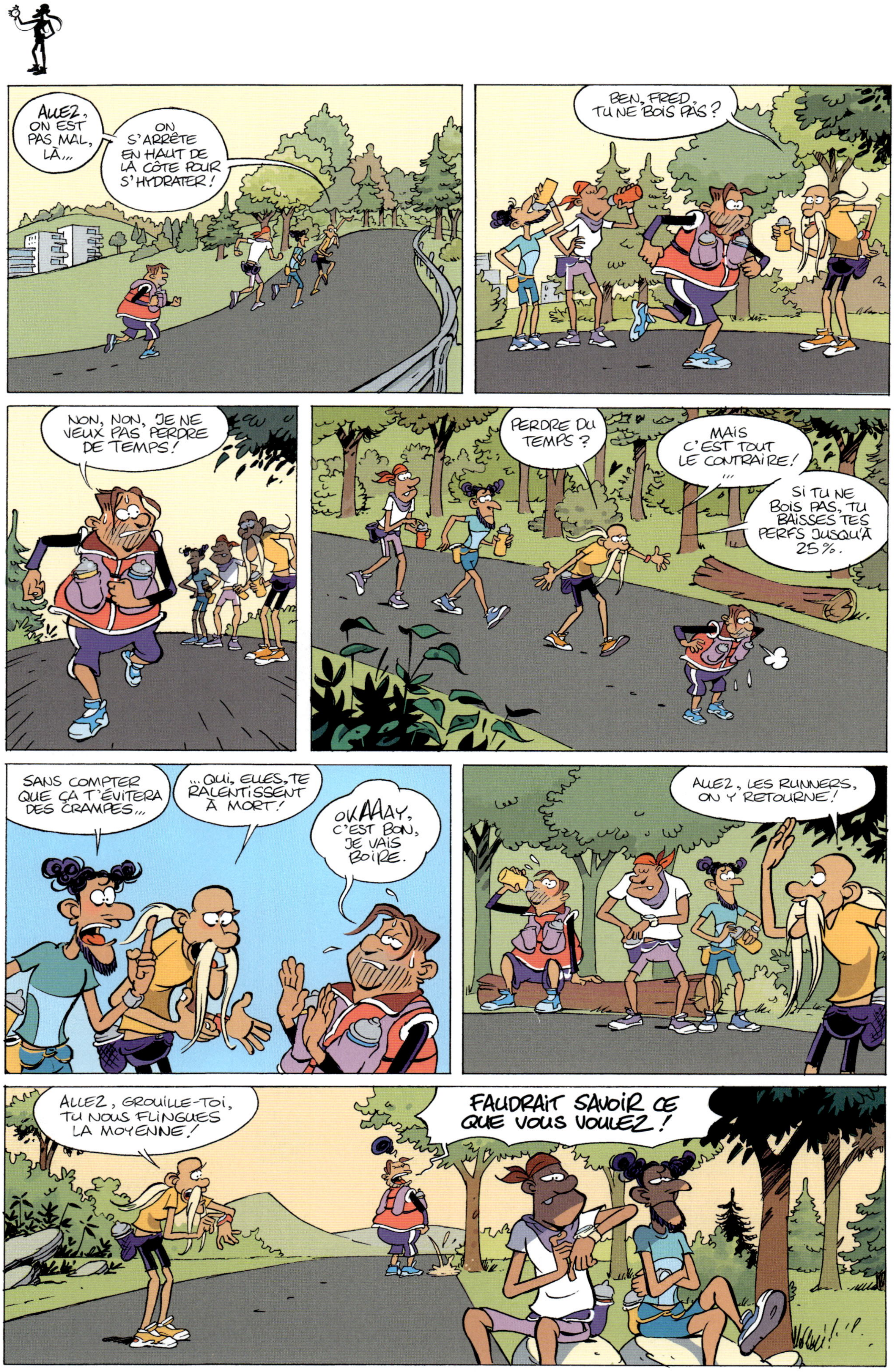
ALLEZ, ON EST PAS MAL, LÀ...
ON S'ARRÊTE EN HAUT DE LA CÔTE POUR S'HYDRATER !
BEN, FRED, TU NE BOIS PAS ?
NON, NON, JE NE VEUX PAS PERDRE DE TEMPS !
PERDRE DU TEMPS ?
MAIS C'EST TOUT LE CONTRAIRE !
SI TU NE BOIS PAS, TU BAISSES TES PERFS JUSQU'À 25 %.
SANS COMPTER QUE ÇA T'ÉVITERA DES CRAMPES...
...QUI, ELLES, TE RALENTISSENT À MORT !
OKAAAY, C'EST BON, JE VAIS BOIRE.
ALLEZ, LES RUNNERS, ON Y RETOURNE !
ALLEZ, GROUILLE-TOI, TU NOUS FLINGUES LA MOYENNE !
FAUDRAIT SAVOIR CE QUE VOUS VOULEZ !

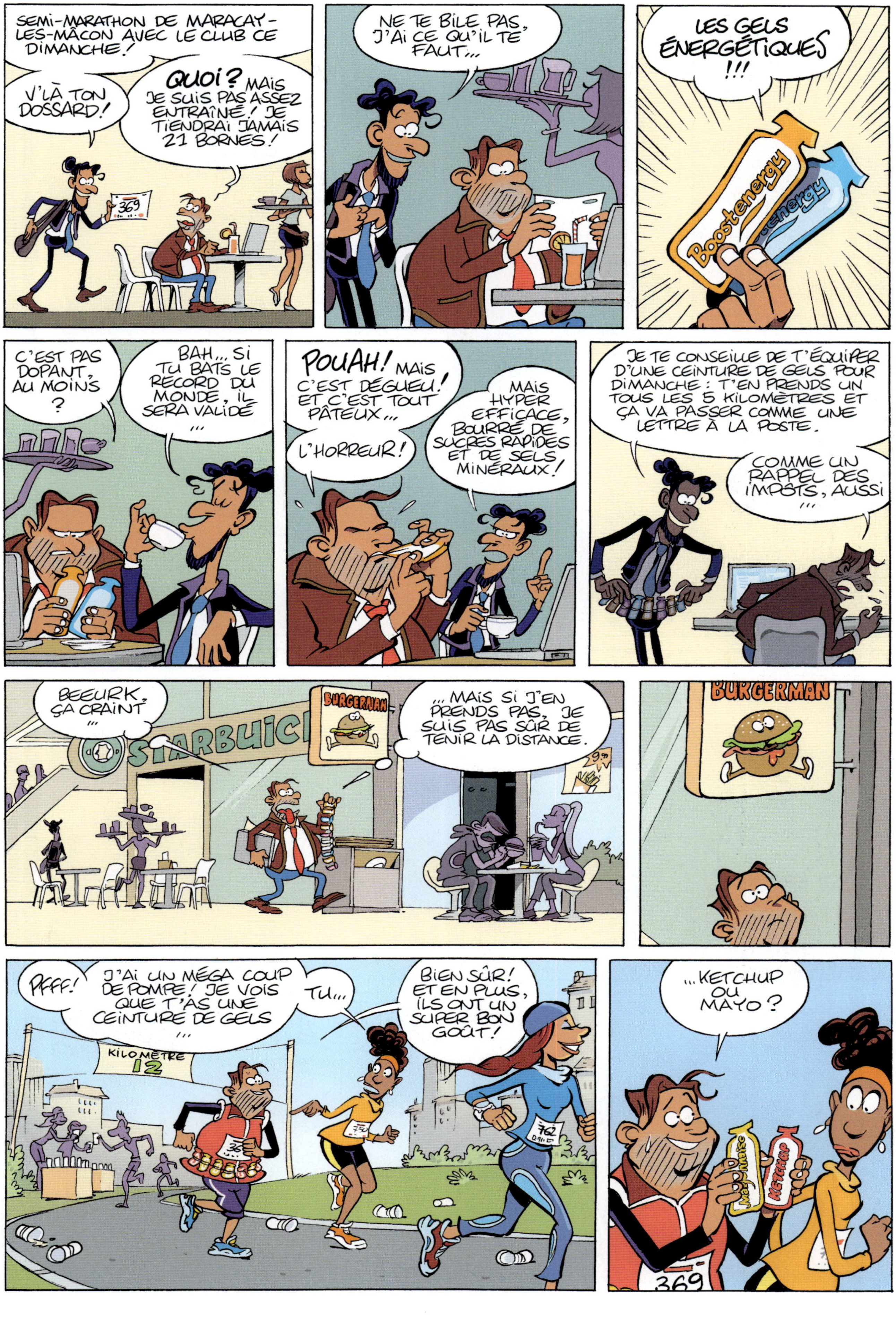
SEMI-MARATHON DE MARACAY-LES-MÂCON AVEC LE CLUB CE DIMANCHE !
V'LÀ TON DOSSARD !
QUOI ? MAIS JE SUIS PAS ASSEZ ENTRAÎNÉ ! JE TIENDRAI JAMAIS 21 BORNES !
369
NE TE BILE PAS, J'AI CE QU'IL TE FAUT...
LES GELS ÉNERGÉTIQUES !!!
Boostenergy
C'EST PAS DOPANT, AU MOINS ?
BAH... SI TU BATS LE RECORD DU MONDE, IL SERA VALIDÉ...
POUAH ! MAIS C'EST DÉGUEU ! ET C'EST TOUT PÂTEUX...
L'HORREUR !
MAIS HYPER EFFICACE, BOURRÉ DE SUCRES RAPIDES ET DE SELS MINÉRAUX !
JE TE CONSEILLE DE T'ÉQUIPER D'UNE CEINTURE DE GELS POUR DIMANCHE : T'EN PRENDS UN TOUS LES 5 KILOMÈTRES ET ÇA VA PASSER COMME UNE LETTRE À LA POSTE.
COMME UN RAPPEL DES IMPÔTS, AUSSI...
BEEURK, ÇA CRAINT...
STARBUICI
BURGERMAN
...MAIS SI J'EN PRENDS PAS, JE SUIS PAS SÛR DE TENIR LA DISTANCE.
BURGERMAN
PFFF !
J'AI UN MÉGA COUP DE POMPE ! JE VOIS QUE T'AS UNE CEINTURE DE GELS...
TU...
BIEN SÛR ! ET EN PLUS, ILS ONT UN SUPER BON GOÛT !
KILOMÈTRE 12
762
...KETCHUP OU MAYO ?
MAYONNAISE
KETCHUP
369

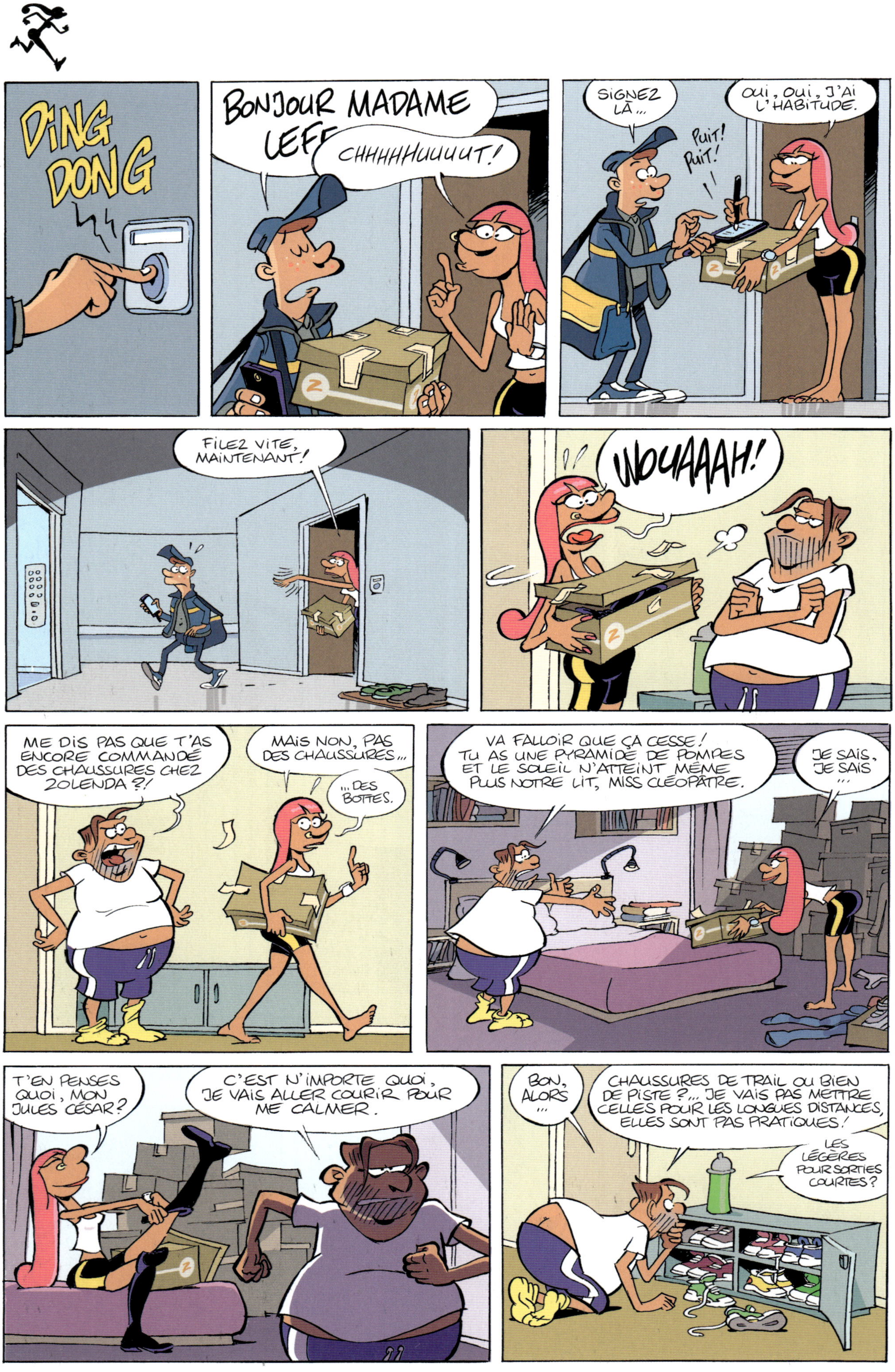
DING DONG
BONJOUR MADAME LEFE
CHHHHHuuuuT !
SIGNEZ LÀ...
PUIT ! PUIT !
OUI, OUI, J'AI L'HABITUDE.
FILEZ VITE, MAINTENANT !
WOUAAAH !
ME DIS PAS QUE T'AS ENCORE COMMANDÉ DES CHAUSSURES CHEZ ZOLENDA ?!
MAIS NON, PAS DES CHAUSSURES...
... DES BOTTES.
VA FALLOIR QUE ÇA CESSE ! TU AS UNE PYRAMIDE DE POMPES ET LE SOLEIL N'ATTEINT MÊME PLUS NOTRE LIT, MISS CLÉOPÂTRE.
JE SAIS, JE SAIS...
T'EN PENSES QUOI, MON JULES CÉSAR ?
C'EST N'IMPORTE QUOI, JE VAIS ALLER COURIR POUR ME CALMER.
BON, ALORS...
CHAUSSURES DE TRAIL OU BIEN DE PISTE ?... JE VAIS PAS METTRE CELLES POUR LES LONGUES DISTANCES, ELLES SONT PAS PRATIQUES !
LES LÉGÈRES POUR SORTIES COURTES ?

AHAHAH !
QU'EST-CE QUI TE FAIT SOURIRE COMME ÇA ?
J'AI TROUVÉ UNE SUPER SORTIE À FAIRE : LA COLOR RUN !
COLOR RUN
C'EST QUOI ENCORE CE TRUC ?
10 KM SUR UN PARCOURS PENDANT LEQUEL ON T'ASPERGE DE POUDRE...
HOLÀ !
NON MAIS C'EST HYPER ORIGINAL, TU COURS ET TU DEVIENS DE TOUTES LES COULEURS.
GLAGLA GLA GLA GLA !
FLOCH
FLOCH
FLOCH
C'EST BIEN, PETIT, T'AS TOUT DONNÉ SUR LE DERNIER TOUR !
MAIS, EUH... EN QUOI C'EST ORIGINAL, EXACTEMENT ?

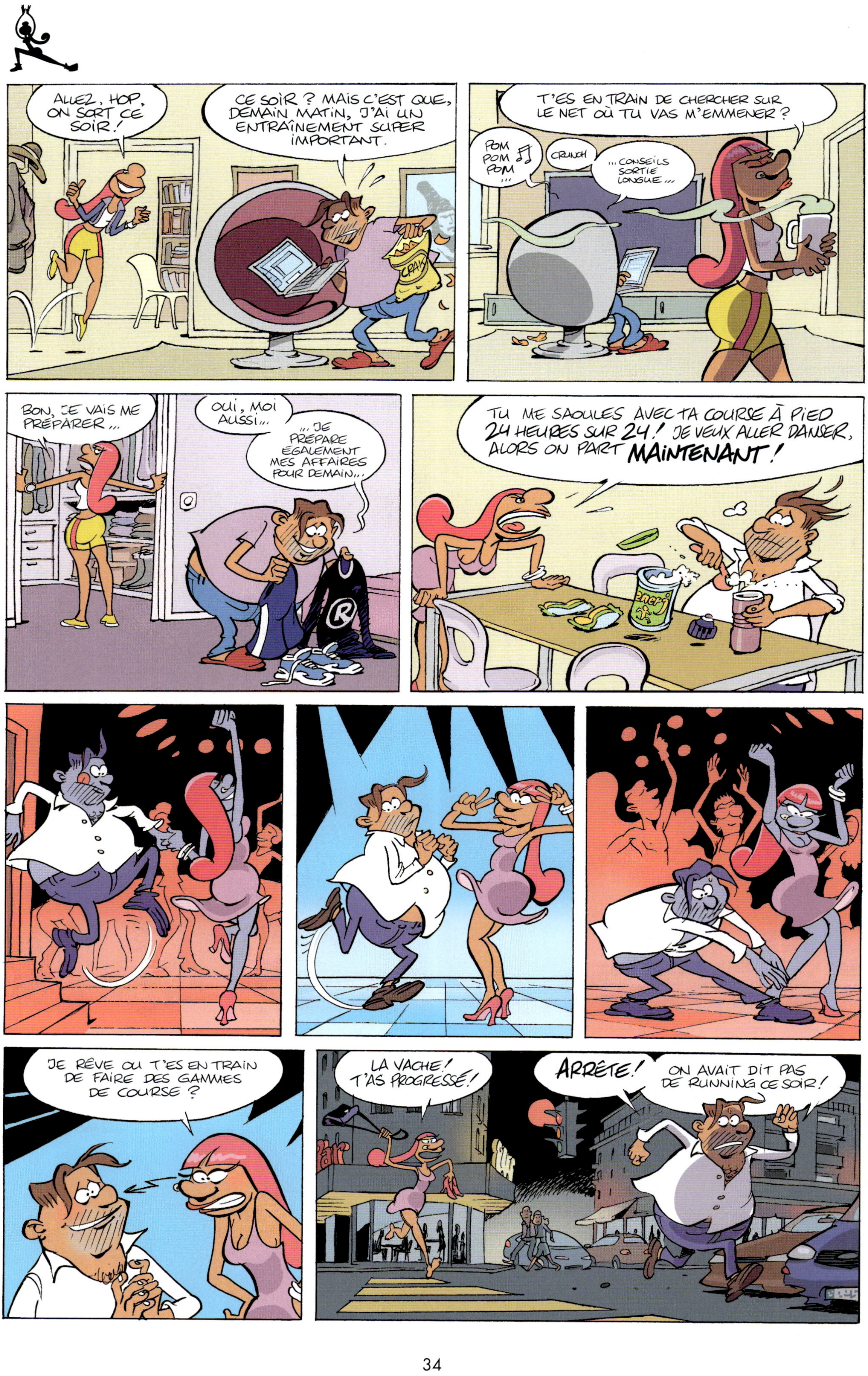
ALLEZ, HOP, ON SORT CE SOIR !
CE SOIR ? MAIS C'EST QUE, DEMAIN MATIN, J'AI UN ENTRAÎNEMENT SUPER IMPORTANT.
CRAX
T'ES EN TRAIN DE CHERCHER SUR LE NET OÙ TU VAS M'EMMENER ?
POM POM POM ...
CRUNCH
... CONSEILS SORTIE LONGUE ...
BON, JE VAIS ME PRÉPARER ...
OUI, MOI AUSSI ...
... JE PRÉPARE ÉGALEMENT MES AFFAIRES POUR DEMAIN ...
TU ME SAOULES AVEC TA COURSE À PIED 24 HEURES SUR 24 ! JE VEUX ALLER DANSER, ALORS ON PART MAINTENANT !
JE RÊVE OU T'ES EN TRAIN DE FAIRE DES GAMMES DE COURSE ?
LA VACHE ! T'AS PROGRESSÉ !
ARRÊTE !
ON AVAIT DIT PAS DE RUNNING CE SOIR !

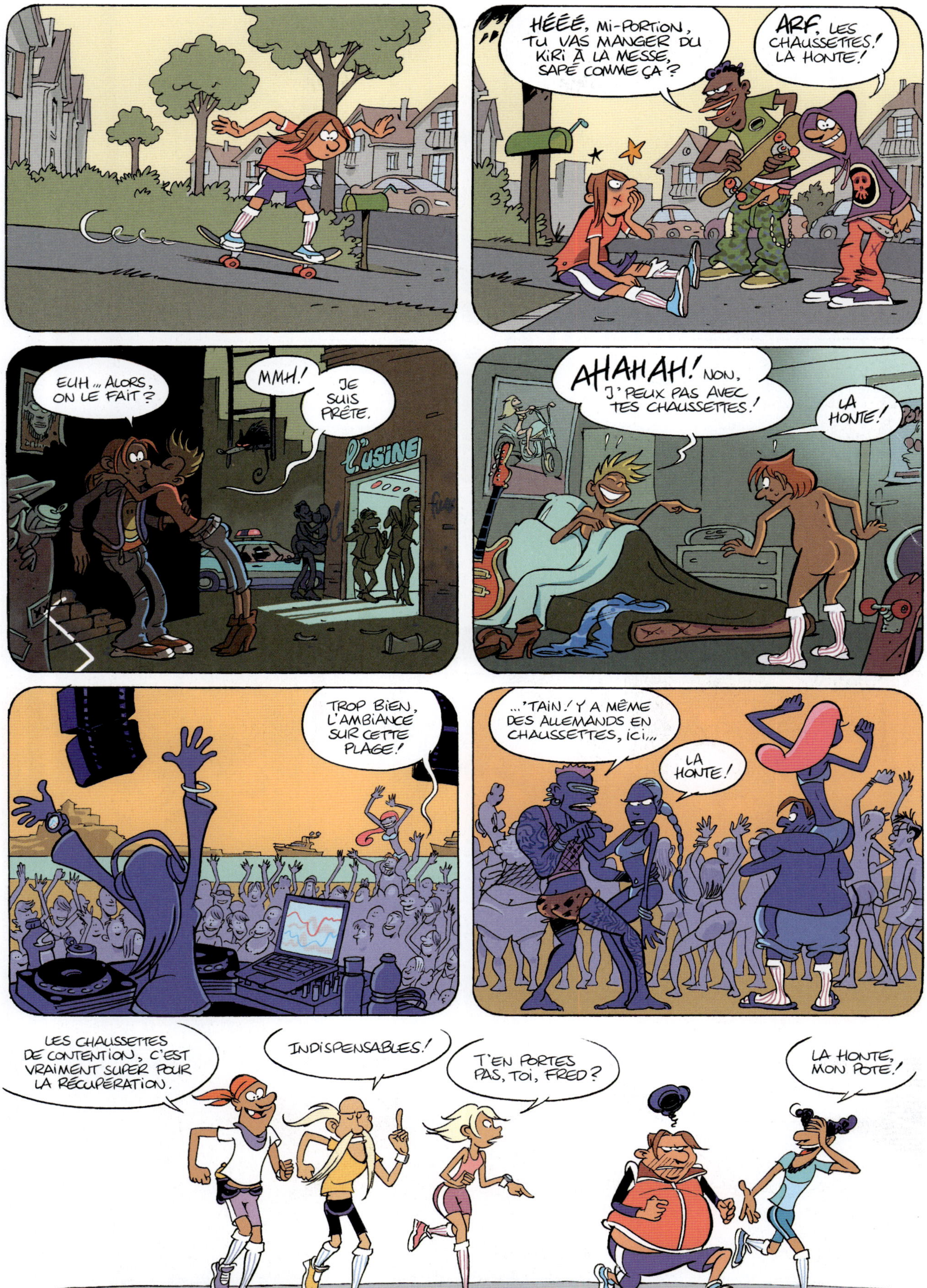
HÉÉÉ, MI-PORTION, TU VAS MANGER DU KIRI À LA MESSE, SAPÉ COMME ÇA ?
ARF, LES CHAUSSETTES ! LA HONTE !
EUH... ALORS, ON LE FAIT ?
MMH !
JE SUIS PRÊTE.
L'USINE
AHAHAH ! NON, J'PEUX PAS AVEC TES CHAUSSETTES !
LA HONTE !
TROP BIEN, L'AMBIANCE SUR CETTE PLAGE !
...'TAIN ! Y A MÊME DES ALLEMANDS EN CHAUSSETTES, ICI...
LA HONTE !
LES CHAUSSETTES DE CONTENTION, C'EST VRAIMENT SUPER POUR LA RÉCUPÉRATION.
INDISPENSABLES !
T'EN PORTES PAS, TOI, FRED ?
LA HONTE, MON POTE !

42e COURSE des DÉGLINGOS
GRANDE PASTA PARTY
© PANZA le plein de sucres lents PANZA
DOSSARDS
POUR MOI, CE SERA JUSTE UN GRAND CRÈME ET DEUX CROISSANTS...
DÉPART DANS 02:10:07

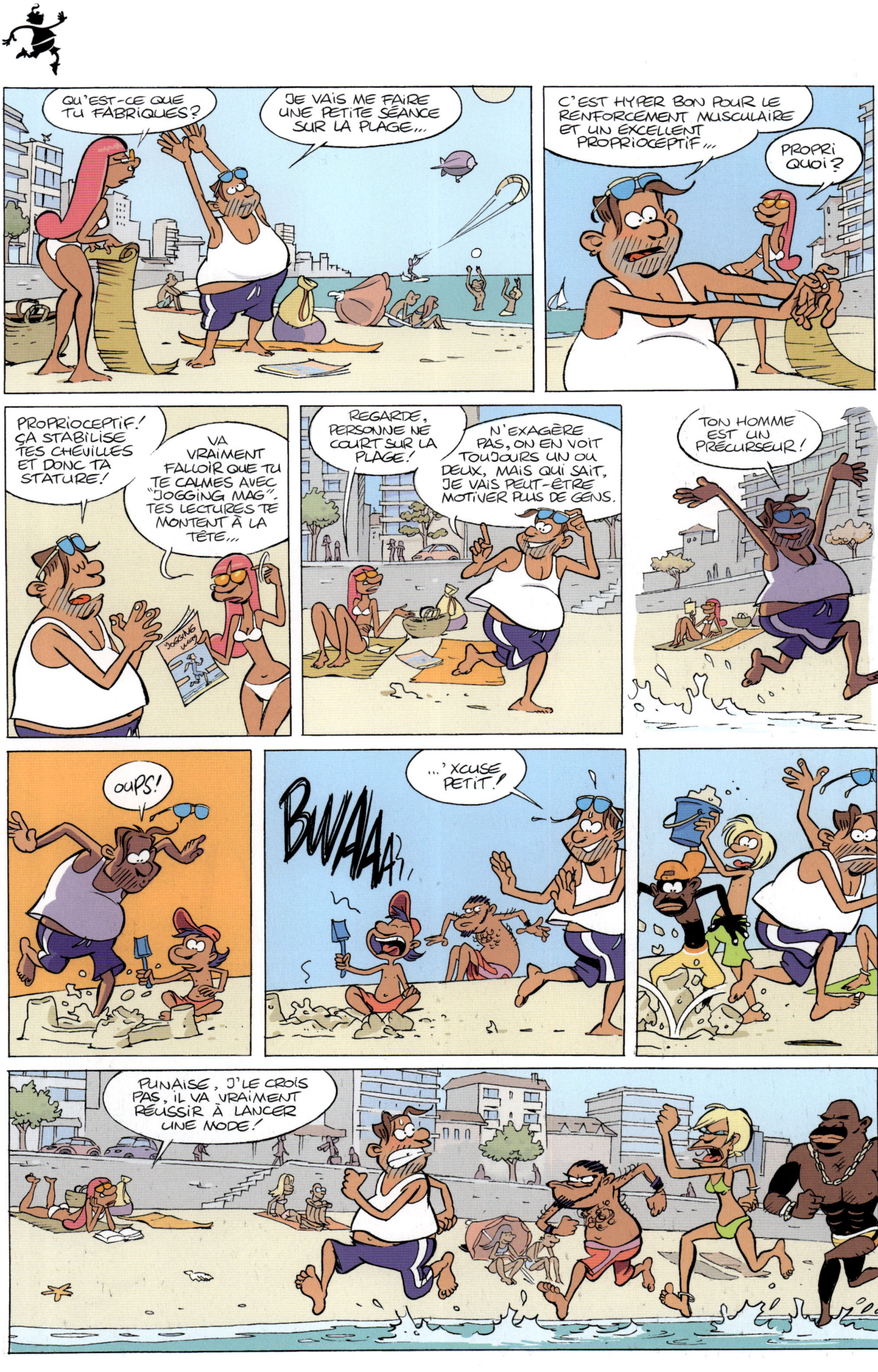
QU'EST-CE QUE TU FABRIQUES?
JE VAIS ME FAIRE UNE PETITE SÉANCE SUR LA PLAGE...
C'EST HYPER BON POUR LE RENFORCEMENT MUSCULAIRE ET UN EXCELLENT PROPRIOCEPTIF...
PROPRI QUOI?
PROPRIOCEPTIF! ÇA STABILISE TES CHEVILLES ET DONC TA STATURE!
VA VRAIMENT FALLOIR QUE TU TE CALMES AVEC "JOGGING MAG". TES LECTURES TE MONTENT À LA TÊTE...
JOGGING MAG
REGARDE, PERSONNE NE COURT SUR LA PLAGE!
N'EXAGÈRE PAS, ON EN VOIT TOUJOURS UN OU DEUX, MAIS QUI SAIT, JE VAIS PEUT-ÊTRE MOTIVER PLUS DE GENS.
TON HOMME EST UN PRÉCURSEUR!
OUPS!
BWAAAA
...'XCUSE PETIT!
PUNAISE, J'LE CROIS PAS, IL VA VRAIMENT RÉUSSIR À LANCER UNE MODE!

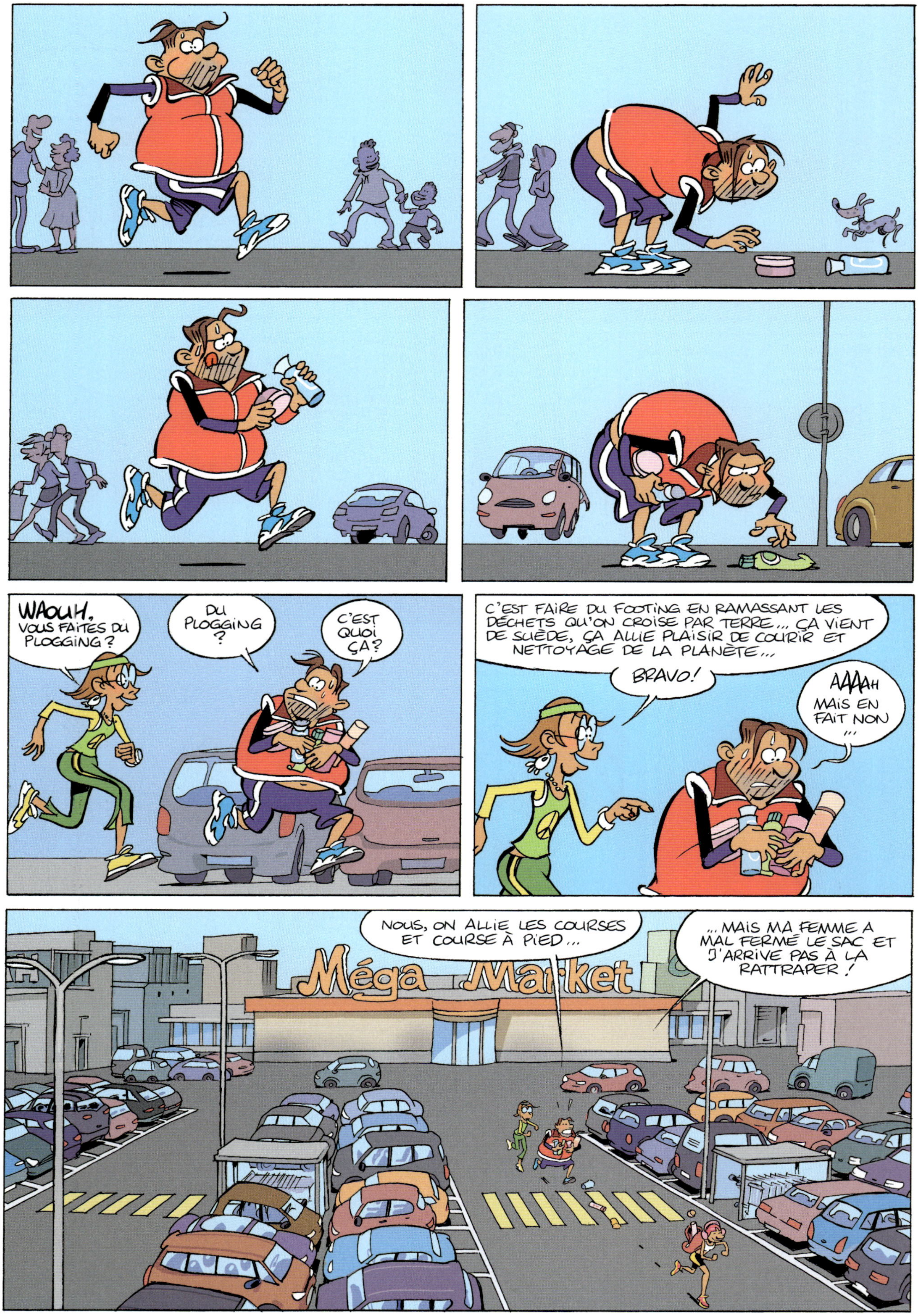

WAOUH, VOUS FAITES DU PLOGGING ?
DU PLOGGING ?
C'EST QUOI ÇA ?
C'EST FAIRE DU FOOTING EN RAMASSANT LES DÉCHETS QU'ON CROISE PAR TERRE... ÇA VIENT DE SUÈDE, ÇA ALLIE PLAISIR DE COURIR ET NETTOYAGE DE LA PLANÈTE...
BRAVO !
AAAAH MAIS EN FAIT NON ...
Méga Market
NOUS, ON ALLIE LES COURSES ET COURSE À PIED...
... MAIS MA FEMME A MAL FERMÉ LE SAC ET J'ARRIVE PAS À LA RATTRAPER !

JE SUIS CREVÉ EN CE MOMENT...
...EN PLEINE PRÉPARATION DE MARATHON, ÇA TOMBE MAL.
FAIS COMME MOI...
... J'ATTAQUE DEMAIN UNE CURE DE COMPLÉMENTS ALIMENTAIRES BOURRÉS DE VITAMINES !
BOSS
LA VACHE, T'AS VU LES DOSES DANS CHAQUE GÉLULE ? LE RAIDE BULL À CÔTÉ, C'EST DE LA GNOGNOTTE !
ÇA AMÉLIORE LA PRÉPARATION ET LA RÉCUP' !
J'AI VÉRIFIÉ, C'EST PAS DU DOPAGE !
PRENDS, C'EST CADEAU !
MARS
ALORS ?
ÇA MARCHE PAS, J'SUIS TOUJOURS AUSSI CLAQUÉ !
LAISSE LE TEMPS AUX PILULES D'AGIR...
AVRIL
ET MAINTENANT ?
TOUJOURS RIEN... MAIS J'AI LES CHEVEUX QUI FRISENT.
T'INQUIÈTE, MOI, JE FAIS PIPI FLUO...
...MAIS MAINTENANT J'AI UNE DE CES PATATES !
TES MÈCHES SONT TOUJOURS AUSSI CASSANTES, EMMA...
TU PRENDS BIEN LES GÉLULES QUI RENDENT LE CHEVEU SOYEUX ?
OUAIS, J'TE JURE ! J'AI MÊME DOUBLÉ LA DOSE !

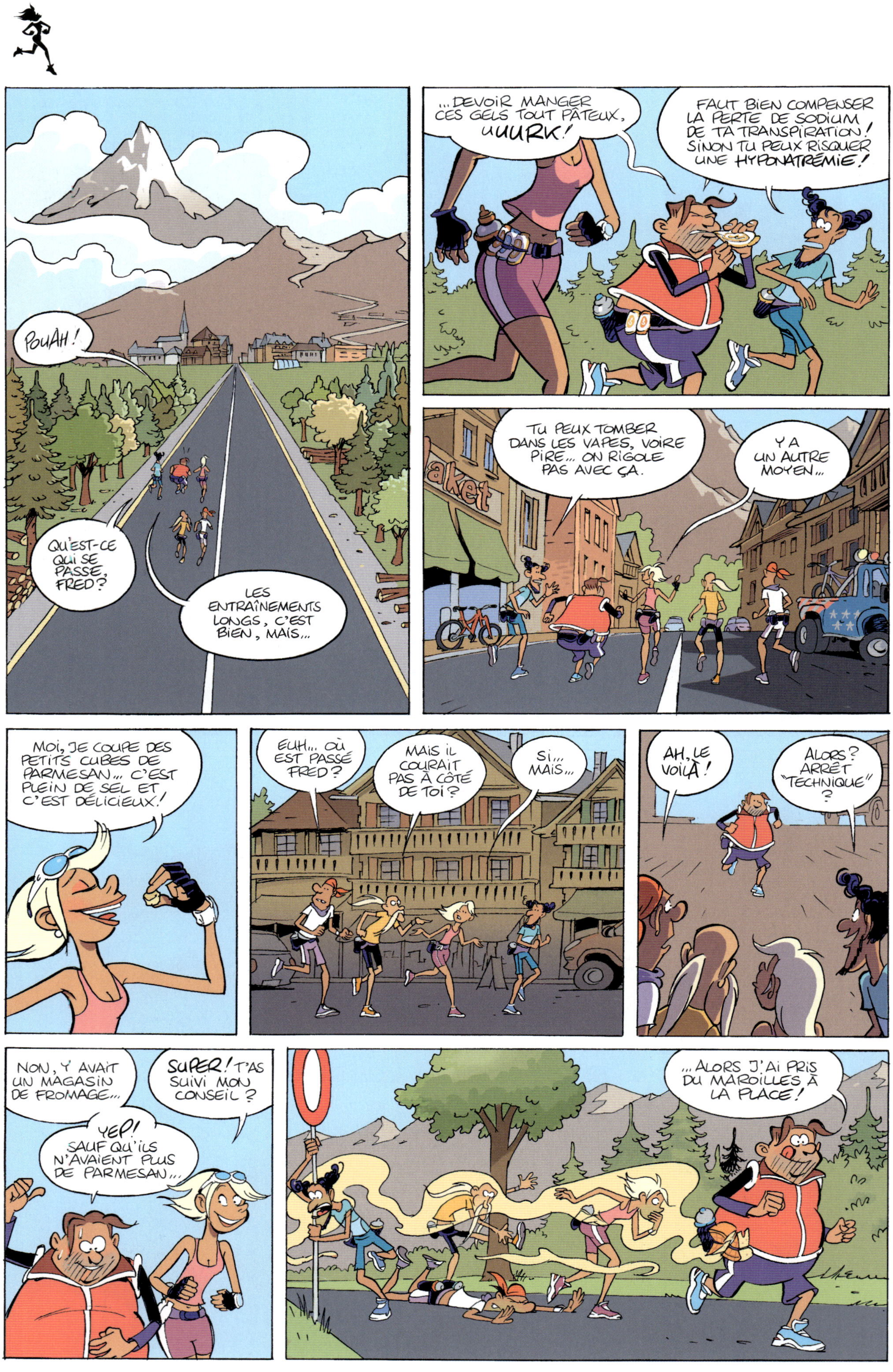
POUAH !
QU'EST-CE QUI SE PASSE, FRED ?
LES ENTRAÎNEMENTS LONGS, C'EST BIEN, MAIS...
...DEVOIR MANGER CES GELS TOUT PÂTEUX, UUURK !
FAUT BIEN COMPENSER LA PERTE DE SODIUM DE TA TRANSPIRATION ! SINON TU PEUX RISQUER UNE HYPONATRÉMIE !
TU PEUX TOMBER DANS LES VAPES, VOIRE PIRE... ON RIGOLE PAS AVEC ÇA.
Y A UN AUTRE MOYEN...
MOI, JE COUPE DES PETITS CUBES DE PARMESAN... C'EST PLEIN DE SEL ET C'EST DÉLICIEUX !
EUH... OÙ EST PASSÉ FRED ?
MAIS IL COURAIT PAS À CÔTÉ DE TOI ?
SI... MAIS...
AH, LE VOILÀ !
ALORS ? ARRÊT "TECHNIQUE" ?
NON, Y AVAIT UN MAGASIN DE FROMAGE...
SUPER ! T'AS SUIVI MON CONSEIL ?
YEP ! SAUF QU'ILS N'AVAIENT PLUS DE PARMESAN...
...ALORS J'AI PRIS DU MAROILLES À LA PLACE !

PUNAISE, YANNICK, JE FLIPPE ! LA COURSE APPROCHE...
... ET J'ANGOISSE !
BEN, FAUT PAS...
CAFÉ DU PARC
EST-CE QUE JE VAIS RÉUSSIR À ATTEINDRE MON OBJECTIF ? EST-CE QUE JE VAIS PAS ALLER TROP LENTEMENT, OU PIRE, TROP VITE ET ME PRENDRE LE MUR...!
HOULÀ ! HOULÀ !
FAUT PAS QUE TU T'INQUIÈTES POUR ÇA, SUR LES GRANDES COURSES, IL Y A DES MENEURS D'ALLURE...
OH ? ET COMMENT JE LES REPÈRE DANS LA MASSE DES COUREURS ?
ILS ONT UN BALLON AU-DESSUS D'EUX... FACILE !
3H45
TU REPÈRES UN BALLON ET TU RESTES PRÈS DE LUI !
TU VERRAS, ÇA DEVIENDRA MÉCANIQUE AVEC L'EXPÉRIENCE...
... UN AUTOMATISME !
TU AS RAISON, JE NE DEVRAIS PAS M'INQUIÉTER COMME ÇA POUR CETTE COURSE...!
YANNICK ?
YANNICK ?
YANNICK ?
X2BLMMM...
MÔMAN...!

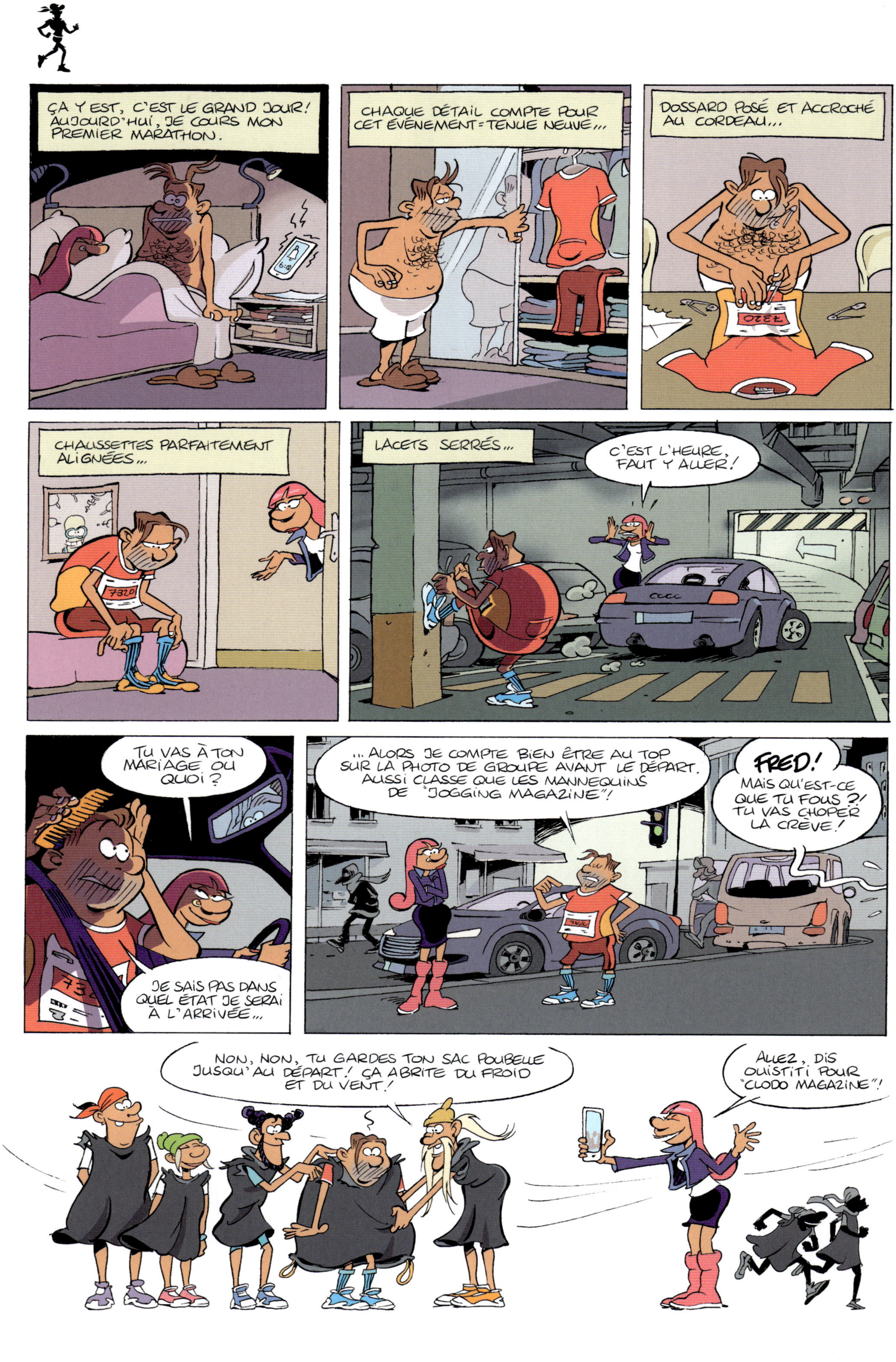

ÇA Y EST, C'EST LE GRAND JOUR ! AUJOURD'HUI, JE COURS MON PREMIER MARATHON.
CHAQUE DÉTAIL COMPTE POUR CET ÉVÉNEMENT = TENUE NEUVE...
DOSSARD POSÉ ET ACCROCHÉ AU CORDEAU...
7320
CHAUSSETTES PARFAITEMENT ALIGNÉES...
LACETS SERRÉS...
C'EST L'HEURE, FAUT Y ALLER !
TU VAS À TON MARIAGE OU QUOI ?
JE SAIS PAS DANS QUEL ÉTAT JE SERAI À L'ARRIVÉE...
... ALORS JE COMPTE BIEN ÊTRE AU TOP SUR LA PHOTO DE GROUPE AVANT LE DÉPART. AUSSI CLASSE QUE LES MANNEQUINS DE "JOGGING MAGAZINE" !
FRED ! MAIS QU'EST-CE QUE TU FOUS ?! TU VAS CHOPER LA CRÈVE !
NON, NON, TU GARDES TON SAC POUBELLE JUSQU'AU DÉPART ! ÇA ABRITE DU FROID ET DU VENT !
ALLEZ, DIS OUISTITI POUR "CLODO MAGAZINE" !

MAIS Y A UN MONDE DE DIIIIIIINGUE !
DÉPART
COURSE
WC
ÇA VA ÊTRE UN BEAU BAZAR AU DÉPART !
MAIS NON, DANS LE MARATHON, Y'A DES SAS.
SELON TON TEMPS PRÉVU, TU TE METS DANS UNE ZONE AVEC DES COUREURS QUI FONT À PEU PRÈS LE MÊME CHRONO...
SAS 2H30
ÇA ÉVITE LES BOUSCULADES À CAUSE DES BOULETS TROP LENTS QUI SE PLACENT DEVANT AVEC LES FUSÉES...
EUH... TU PARLES DE MOI ?
EN PLUS, TU PEUX CALER TES FOULÉES AVEC CELLES DE TES VOISINS, PAS DE SURRÉGIME !
SAS 4H00
SAS 3h30
MON SAS EST LÀ...
ALLEZ, BONNE COURSE, FRED...
...ET PROFITE À FOND DE L'EXPÉRIENCE.
C'EST QUAND MÊME SUPER RASSURANT, CETTE HISTOIRE DE SAS...
AH NON, EN FAIT...
SAS 4H45
... C'EST SUPER HUMILIANT.

ON Y EST !
DÉPART DANS QUELQUES SECONDES !
3... 2... 1...
PAN !
OUAAiiiiiiS !
C'EST PARTI !
BEN, ÇA AVANCE PAS ?!
AH, ÇA Y EST !...
ÇA BOUGE ...
OUILLE ! DÉSOLÉ...
...ENCORE ARRÊTÉ !...
...ET UNE MINUTE DE PERDUE !
PIRE QUE L'AUTOROUTE LE 15 AOÛT...
C'EST PAS POSSIBLE !
PLUS VITE !
AVANCEZ !
DE NOUVEAU BLOQUÉS ?!
Y EN A MARRE !
LES BOULETS
ET LÀ, FISTON, C'EST QUAND T'ES ARRIVÉ AU BOUT ?
NON, NON, QUAND J'AI ENFIN PASSÉ LA LIGNE DE DÉPART...

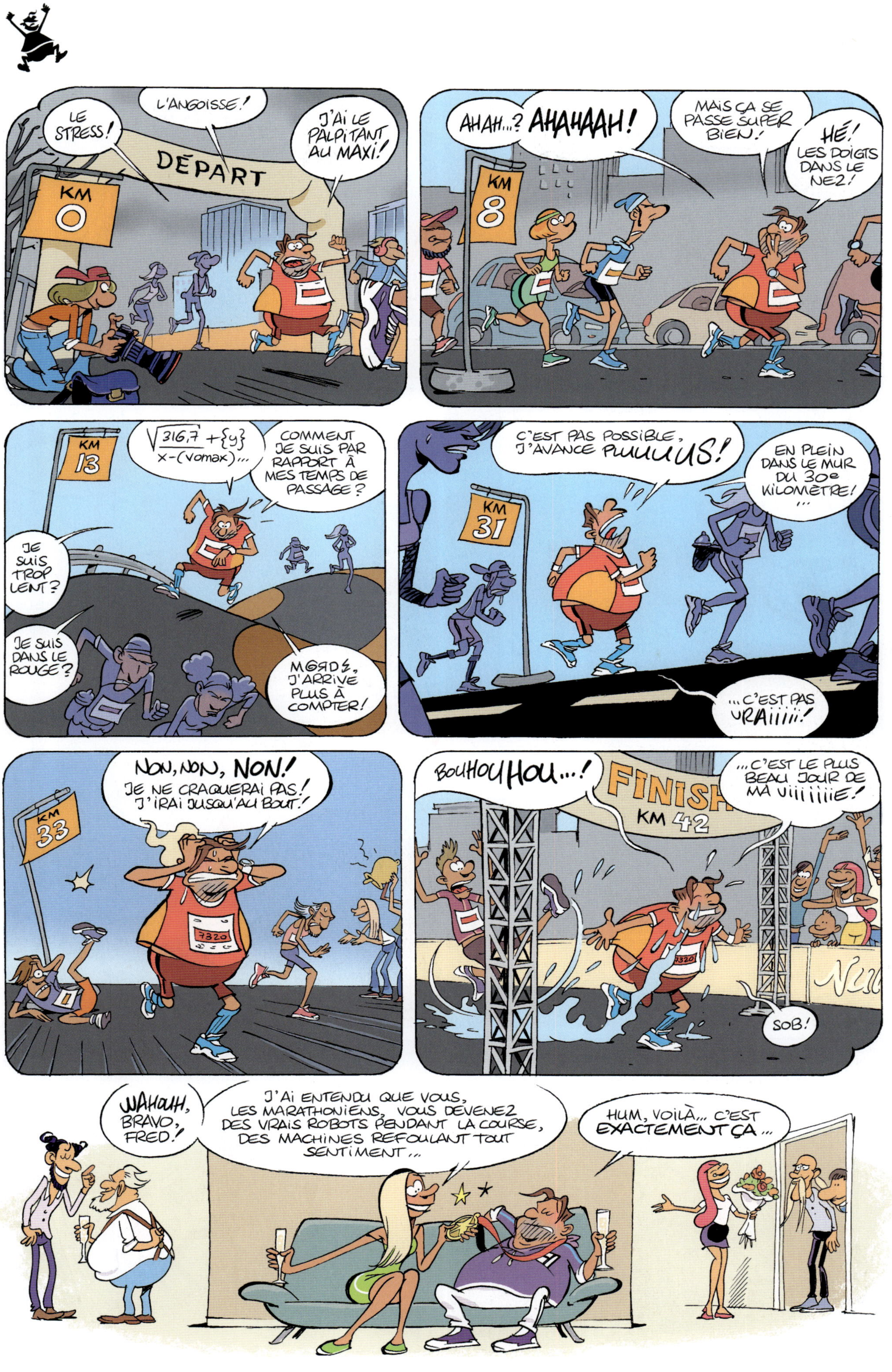
LE STRESS!
L'ANGOISSE!
J'AI LE PALPITANT AU MAXI!
DÉPART
KM 0
AHAH...? AHAHAAH!
MAIS ÇA SE PASSE SUPER BIEN!
HÉ! LES DOIGTS DANS LE NEZ!
KM 8
KM 13
$\sqrt{316,7}$ +{y} x-(vomax)...
COMMENT JE SUIS PAR RAPPORT À MES TEMPS DE PASSAGE?
JE SUIS TROP LENT?
JE SUIS DANS LE ROUGE?
MERDE, J'ARRIVE PLUS À COMPTER!
C'EST PAS POSSIBLE, J'AVANCE PLUUUUUS!
EN PLEIN DANS LE MUR DU 30e KILOMÈTRE!...
KM 31
...C'EST PAS VRAiiiiii!
NON, NON, NON! JE NE CRAQUERAI PAS! J'IRAI JUSQU'AU BOUT!
KM 33
7320
BOUHOUHOU...!
FINISH
KM 42
...C'EST LE PLUS BEAU JOUR DE MA ViiiiiiiE!
SOB!
WAHOUH, BRAVO, FRED!
J'AI ENTENDU QUE VOUS, LES MARATHONIENS, VOUS DEVENEZ DES VRAIS ROBOTS PENDANT LA COURSE, DES MACHINES REFOULANT TOUT SENTIMENT...
HUM, VOILÀ... C'EST EXACTEMENT ÇA...

MESSIEURS-DAMES, SOUVENEZ-VOUS IL Y A QUELQUES MOIS...
... J'AI EU UNE VISION...
LE SPORT !
LE SPORT POUR SE SENTIR MIEUX...
... ÊTRE PLUS EFFICACE...
... ET AVOIR UNE PRODUCTIVITÉ MAXIMALE !
ET J'APPRENDS QU'HIER, DEUX DE VOS COLLÈGUES ONT COURU UN MARATHON ! PRENEZ-EN DE LA GRAINE !
ILS SONT OÙ, D'AILLEURS ?
ILS ARRIVENT, MONSIEUR.
BIEN ! ET C'EST QUOI LEUR CHRONO ?
2 HEURES 15, MONSIEUR.
2 HEURES 15 ?!
MAIS C'EST UN TEMPS DE MALADE, ÇA !
TOP ! 2 HEURES 16 MINUTES 45 SECONDES POUR VENIR DE LEUR BUREAU JUSQU'À LA SALLE DE RÉUNION !
PRODUCTIVITÉ MAXIMALE.
OUILLE !
RAÂAH
GNN !

RUNNERS
CLUB
RUNNERS
CLUB
RUNNERS
CLUB